DERNIERS TITRES PARUS
DANS LA MÊME COLLECTION

QU'EST-CE QUE LA LAÏCITÉ ?

CHEMINS PHILOSOPHIQUES

Collection dirigée par Roger POUIVET

Catherine KINTZLER

QU'EST-CE QUE LA LAÏCITÉ ?

Troisième édition

Paris
LIBRAIRIE PHILOSOPHIQUE J. VRIN
6, place de la Sorbonne, V[e]
2014

© *Librairie Philosophique J. VRIN*, 2007, 2008, 2014

Imprimé en France

ISSN 1762-7184

ISBN 978-2-7116-1876-7

www.vrin.fr

QU'EST-CE QUE LA LAÏCITÉ ?

La première partie de cet ouvrage s'efforce de construire le concept contemporain de laïcité de manière déductive et de le caractériser comme dispositif intellectuel. La seconde partie commente deux textes – de Locke et de Condorcet. Le lecteur s'étonnera peut-être que l'un et l'autre soient antérieurs à l'apparition du terme « laïcité » : c'est que ces textes sont fondateurs non pas au sens d'une origine, mais au sens d'un commencement dans la pensée.

La figure classique que l'on appelle « laïcité à la française » a connu trois moments importants : la Révolution française, la Troisième République, enfin la période actuelle, à partir du milieu des années 1980. Trois périodes qui, à la faveur d'une crise, ont donné au concept son relief particulier et en ont fixé les contours, non sans reprendre et remanier des thèses mises en place beaucoup plus tôt par la pensée philosophique.

On s'intéressera dans cette étude plus particulièrement au troisième moment, le plus proche de nous et l'un des plus riches et des plus problématiques dans la formation du concept. La fin du XXe siècle et le début du XXIe siècle connaissent en effet une réanimation de la pensée laïque du fait qu'elle est contestée et attaquée comme jamais sur trois fronts : par les visées politiques conquérantes menées au nom d'une religion monothéiste, par la remise en cause du modèle politique à laquelle elle est liée, enfin par l'omniprésence d'une pensée diffuse que l'on pourrait appeler la projection formaliste du religieux – figure moderne du théologico-politique selon laquelle il n'y a pas de vie politique sans une forme de lien religieux.

Loin d'être anecdotique, cette actualité non seulement permet de structurer les différentes propriétés du concept de laïcité, mais elle permet aussi de le situer comme un enjeu politique et critique qui réclame une ample théorisation philosophique. En effet, à travers une relation à l'histoire et à la pensée juridique, mais aussi bien au-delà, c'est tout un rapport à la pensée qui est engagé, une façon que la pensée a de se penser elle-même : cela exige qu'on remonte à un moment philosophique premier et cela débouche sur une théorie de la culture. Pour penser la laïcité aujourd'hui, un parcours philosophique pratiquement complet est donc requis.

Il est possible de répondre brièvement, sous forme de sommaire, à la question « qu'est-ce que la laïcité ? ». L'étude qui suit n'est autre que l'établissement raisonné de ces réponses, éclairé par la lecture de textes philosophiquement fondateurs. Nous admettrons comme point de départ un simple fait : même si, comme on le verra dans la suite, la laïcité ne se borne pas à la question du rapport entre l'ordre politique et celui de la croyance religieuse (et plus largement de la liberté de croire ou de ne pas croire), c'est cependant ce rapport qui en est constitutif et qui permet de l'appréhender de la manière la plus nette.

1) La laïcité est une façon de concevoir et d'organiser la coexistence des libertés, plus particulièrement les libertés d'opinion, de conscience, de croyance. En ce sens, elle s'insère dans le champ politique classique et ne peut éviter la comparaison avec d'autres façons de concevoir et d'organiser la coexistence des mêmes libertés. Comparable en partie à celui

de la *tolérance*, le mode d'organisation laïque en est cependant différent du point de vue du *dispositif de la pensée*.

2) Le dispositif laïque s'interroge au sujet de la coexistence des libertés en termes de conditions de possibilité *a priori* et suppose un espace législateur fictif que nous comparerons à une sorte de *vide expérimental*. Cette propriété fait de la laïcité un *principe pour penser l'association politique*. Caractérisé par une forme de minimalisme, ce principe se présente de façon paradoxale puisqu'il prétend fonder le lien politique sur l'hypothèse de la suspension du lien social.

3) Les conséquences de ce principe conduisent à articuler les rapports entre sphère publique et sphère privée ou civile en introduisant la notion *d'espace producteur du droit*. L'examen du concept contemporain de *laïcité scolaire* permet cette mise en évidence et ouvre un nouveau champ philosophique : celui de la nature de l'espace fondateur de la cité comme espace critique. Ce sera un « moment métaphysique » dans notre réflexion.

4) La laïcité suppose que la loi ne peut s'autoriser que d'un rapport critique de la pensée humaine à elle-même. Cette position s'inscrit dans une tradition philosophique d'immanence de la pensée (inutilité du recours à un arrière-monde) dont elle fournit une version moderne et contemporaine sous la forme d'une *théorie de la culture*.

TOLÉRANCE, LAÏCITÉ : QUELLE DIFFÉRENCE ?
DÉDUCTION DU CONCEPT

La puissance publique a-t-elle le droit de discourir sur les croyances ? Le principe de la contingence de l'appartenance religieuse

Pour dégager le fonctionnement du concept de laïcité, en tant qu'il est un dispositif de pensée, le plus commode est de le comparer au concept voisin de *tolérance*.

La forme actuellement la plus répandue du concept de tolérance s'inspire d'un moment descriptif pour prescrire une norme. Considérant qu'il existe, dans la réalité socio-politique, différentes options d'opinion et de croyance, différentes options spirituelles, philosophiques et religieuses, on s'efforce de faire en sorte que ces différentes options, particulièrement lorsqu'elles sont présentes dans un même rassemblement politique (un même État), coexistent sans que personne ne soit privilégié ou lésé en raison de son option. On reconnaît une question philosophique classique : celle de la coexistence des libertés. S'agissant de la liberté d'opinion, de croyance et de la liberté religieuse, la question est presque toujours exposée en termes de regroupements, de communautés et de rapport des individus à ces communautés – appartenance ou non-appartenance. En proclamant la liberté religieuse, la tolérance affirme une première proposition, la plus évidente pour nous aujourd'hui : on peut pratiquer une option spirituelle sans y être contraint et sans être inquiété à cause d'elle.

Personne n'est tenu d'avoir une religion plutôt qu'une autre : telle est la forme simple que prend cette première proposition, ramenée au champ d'application courant de la tolérance, celui des religions. Elle suppose, et c'est déjà beaucoup, le principe de la contingence de l'appartenance, laquelle apparaît alors comme subordonnée à la liberté de pensée. Personne n'appartient de fait à une communauté de croyance, à une église, mais toute appartenance est l'effet d'une adhésion libre, d'une conviction intérieure qu'aucune force externe ne peut imposer. Par « force externe » on peut entendre une donnée sociale (naître au sein d'une communauté donnée) mais aussi un pouvoir public – par exemple une religion ou une philosophie d'État qui s'impose à tous les citoyens par la contrainte.

On voit dès maintenant que le principe de contingence de l'appartenance religieuse a pour corollaire philosophique l'idée d'une adhésion construite et non fortuite : une adhésion de deuxième temps, qui fait de la liberté une *nature seconde*. Le lien religieux tire sa force et sa validité précisément de la possibilité d'être défait ou récusé sous sa première forme (celle d'une appartenance de fait fondée sur des circonstances extérieures) pour être renoué ou noué ailleurs sous sa forme seconde, seule authentique et véritablement religieuse (celle d'une adhésion volontaire). L'autonomie du jugement est donc inséparable de la notion moderne de tolérance : elle est clairement énoncée par la célèbre *Lettre sur la tolérance* de Locke, conjointement à la thèse de la contingence de l'appartenance religieuse :

> Nul ne naît membre d'une église quelconque, sinon la religion du père et des grands-parents passerait aux enfants par droit héréditaire, en même temps que les terres, et chacun devrait sa foi à sa naissance : on ne peut rien penser de plus absurde. Voici donc comment il faut concevoir les choses. L'homme n'est pas par nature astreint à faire partie d'une église, à être lié à une secte ; il se joint spontanément à la société au sein de laquelle il croit que l'on pratique la vraie religion et un culte agréable à Dieu[1].

Si l'on regarde les choses du point de vue de l'organisation politique, la coexistence des libertés ainsi posées suppose un droit dans lequel les choses relatives à la croyance et généralement à l'exercice de l'autonomie du jugement sont tenues en dehors du champ de la loi. C'est la *séparation de la sphère privée et de la sphère publique*, également énoncée dans le texte de Locke. La loi n'a pas droit de regard sur ce domaine

---

1. Locke, *Lettre sur la tolérance* (publiée en latin en 1689), trad. fr. R. Polin, Paris, PUF, 1965, p. 17.

privé, sauf interférence avec le droit commun. Plus généralement : *la loi n'a pas tous les droits et ne peut pas parler de tout.* Ainsi, la tolérance assure la liberté religieuse non seulement du point de vue intellectuel et moral, mais aussi du point de vue de sa manifestation publique. Si la loi interdit certaines pratiques, ce n'est pas à cause de leur caractère religieux, mais parce qu'elles contreviennent au droit commun. On interdira ainsi les sacrifices humains – ce sont des assassinats – ou la mainmise d'une organisation religieuse sur les biens de ses fidèles – c'est une escroquerie et un abus de confiance. On interdira l'excision – c'est une mutilation invalidante irréversible, dangereuse et sans nécessité thérapeutique, alors que la circoncision ne l'est pas plus qu'une scarification rituelle ou qu'un *piercing.*

Pourquoi alors parler de « tolérance », terme qui suppose une position exorbitante par laquelle la liberté de culte serait simplement octroyée, « tolérée » ? Parce que ce dispositif n'est nullement incompatible avec une religion d'État ou avec une option spirituelle pratiquée officiellement par la puissance publique. Pour que la tolérance soit réalisée, il suffit que l'État ne recoure pas à la contrainte en matière de croyance. Même s'il affiche une forme d'adhésion, il a le devoir de rester indifférent à celles que peuvent embrasser ses citoyens pourvu que le droit commun soit respecté. Et même si ce droit commun peut faire référence à un fondement religieux ou spirituel (*In God We Trust* lit-on sur chaque dollar US), les lois ellesmêmes, dans la mesure où elles prescrivent et où elles interdisent sous la contrainte, ne peuvent énoncer aucune obligation ni aucune proscription de type religieux ou frappant la question de la liberté du jugement. La forme classique de la tolérance n'exclut donc pas la possibilité d'un discours public sur la question religieuse, mais ce discours ne peut pas prendre une forme contraignante. Est intolérant un État, un rassemblement politique où la question religieuse est l'objet d'un discours public à caractère contraignant s'imposant à tous et où elle n'est jamais laissée à l'initiative du jugement privé.

Pour obtenir une exposition plus complète de la tolérance, il convient donc d'ajouter une proposition : non seulement *personne n'est tenu d'avoir une religion plutôt qu'une autre*, mais encore *personne n'est tenu de n'avoir aucune religion*. L'athéisme érigé en position officielle contraignante n'a en effet, du point de vue de l'organisation politique, rien qui le distingue d'une religion intolérante puisque toute autre option spirituelle, religieuse ou philosophique sera proscrite et pourra être persécutée.

Cette première caractérisation du concept de tolérance permet d'établir que la réunion des trois principes précédemment dégagés (respect de l'autonomie du jugement, contingence de l'appartenance de croyance, séparation de la sphère publique et de la sphère privée) n'implique pas l'abstention absolue de la puissance publique en matière religieuse : elle exige seulement de la puissance publique qu'elle s'abstienne de commander ou d'interdire en la matière. Mais elle peut professer un culte au nom même de l'État, le promouvoir en culte officiel, se référer à un fondement religieux. En d'autres termes, si la *loi* elle-même doit éviter la question religieuse dans ses commandements et ses interdits, il ne s'ensuit pas que l'État l'écarte totalement du *discours public*. On sait que la laïcité exige en revanche une abstention absolue : l'absence de tout discours public touchant les croyances et les options spirituelles y est de rigueur, et elle oblige tous les agents de la puissance publique dans l'exercice de leurs fonctions. Reste à savoir si cette rigueur se fonde sur un principe philosophique.

Le lien politique a-t-il pour modèle et pour fondement le lien religieux ?

Avant d'examiner le concept de laïcité pour lui-même et dans ses fondements, poursuivons la caractérisation de la tolérance afin de dégager une autre différence. On observe aisément que dans les pays à tradition de tolérance – notamment le Royaume-Uni, les Pays-Bas, les États-Unis d'Amérique, la proposition *personne n'est tenu d'avoir une religion plutôt qu'une autre* est interprétée principalement de façon positive : la normalité sociale est d'avoir une religion – quelle qu'elle soit – et la tolérance revient dans ces conditions à assurer la coexistence paisible des différentes communautés religieuses au sein d'une même association politique. De ce point de vue, l'association politique apparaît alors autant comme une association d'individus que comme une association de communautés.

On touche ici un point de virulence théorique : celui de l'incroyance. Or ici la virulence ne tient pas au contenu même d'une position. On a vu en effet que l'athéisme, s'il peut être érigé en doctrine constituée autour de dogmes qu'on se sent tenu ou qu'on est obligé d'adopter, acquiert les propriétés coalisantes et exclusives d'une religion et peut être promu en religion officielle – contre quoi la seconde proposition constitutive de la tolérance *personne n'est tenu de n'avoir aucune religion* se prémunit mais sans énoncer le caractère religieux de ce qui est repoussé. La virulence tient plutôt à la *forme*, c'est-à-dire au rapport à l'attitude de croyance. Au sens strict, l'incroyant (et il faut le caractériser au singulier) est celui qui écarte la croyance comme telle, en tant qu'attitude de pensée, et *qui tient pour superflue la notion même d'adhésion*. Il récuse par principe l'idée d'option spirituelle, puisque à ses yeux l'esprit n'est pas tenu de former lien avec d'autres esprits dans un acte d'adhésion. Même si l'incroyance se présente fréquemment sous l'apparence ordinaire d'un athéisme, il ne s'ensuit pas que tout athéisme soit nécessairement incroyant[1].

En ce sens formel et dans le cadre d'une tolérance s'efforçant d'assurer la coexistence des communautés de croyance, les incroyants font problème parce que, ne formant par définition aucune communauté, ils apparaissent comme une menace pour le lien social et comme un défi à toute association possible. En jetant le doute sur l'universalité de principe du lien religieux, il font de celui-ci *dans sa forme* même (et non plus dans la variété de ses divers contenus, celle des religions) quelque chose de contingent. De ce fait, ne se mettent-ils pas *a priori* et par essence en marge du lien social et ne remettent-ils pas en cause la possibilité même de toute association ?

La *dissolution* étant au principe de l'incroyance ainsi entendue, on ne s'étonnera pas que celle-ci soit rejetée ou au mieux tenue en suspicion – un esprit qui se pense lui-même comme détaché n'a-t-il pas récusé l'idée même de solidarité ? Et ce faisant, n'a-t-il pas abandonné toute fermeté ? Dissolu, l'esprit incroyant serait aussi invertébré, *sans âme*. On reconnaît ici le schéma politique et moral de la *perdition*. Dans sa *Lettre*, Locke passe en revue ce qui ne peut pas être toléré dans un État tolérant : il est clair que les exclusions ne peuvent

---

1. Les termes « incroyant » et « incroyance » peuvent recevoir deux significations. Il peut s'agir d'une position relativement au contenu des croyances religieuses : l'incroyant (agnostique ou athée) écarte la croyance à telles ou telles divinités, il n'embrasse aucune religion ; cela ne l'empêche pas, le cas échéant, d'avoir une attitude de croyance envers des « valeurs » dont il n'interroge pas le bien-fondé en raison : honneur, avant-garde, liberté, patrie, égalité… Il peut aussi s'agir (et c'est le sens retenu ici) d'une position qui suspend l'attitude de croyance elle-même comme non-fondée philosophiquement ou comme superflue du point de vue de l'organisation de la cité.

frapper que ce qui ruine la tolérance. Après avoir exclu de la tolérance les religions qui ne renoncent pas au pouvoir civil et celles qui impliquent la soumission à une puissance politique étrangère[1], il aborde une exclusion encore plus radicale : ceux qui « nient l'existence d'une puissance divine ».

> Ceux qui nient l'existence d'une puissance divine ne doivent être tolérés en aucune façon. La parole, le contrat, le serment d'un athée ne peuvent former quelque chose de stable et de sacré et cependant ils forment les liens de toute société humaine au point que, la croyance en Dieu elle-même supprimée, tout se dissout[2].

Radicale, l'exclusion ne vise pas, comme les précédentes, une modalité ou une circonstance susceptible d'être levée ou modifiée : si une religion consent à s'amputer de ses prétentions à l'autorité civile et politique, ou (second cas de figure) si elle consent à rompre les liens qui l'unissent à tel souverain politique, elle devient acceptable ; mais pour autant elle ne change pas de nature, elle reste bien une religion. En revanche, demander à un incroyant de croire à quelque lien, c'est lui demander de changer d'essence – il n'y a donc pas de négociation possible. Radicale aussi, l'exclusion se fonde sur la nature du principe remis en cause : alors que les religions à extension politique nient le principe de la séparation des deux sphères, l'incroyance ruine un principe plus haut qui semble-t-il est commun aux deux sphères : celui de la cohésion.

---

1. Locke vise principalement le catholicisme, religion « politique » qui de plus est fixée sous la forme d'un État souverain. Cependant on peut remarquer que l'argument peut viser d'autres religions et qu'il n'a jamais perdu de son actualité.

2. *Lettre sur la tolérance*, *op. cit.*, p. 79. On proposera ci-dessous une traduction légèrement différente (voir *infra*, p. 90).

Le motif avancé par le texte de Locke doit retenir toute notre attention, car il présente comme nécessaire la relation entre *foi* religieuse et *loi* civile. Quelqu'un qui ne croit à rien n'est pas susceptible de confiance, son engagement dans une association quelconque n'a donc aucune validité. Autrement dit : comment croire quelqu'un qui lui-même récuse la croyance ? Or pour former association politique il faut pouvoir placer sa confiance dans les associés. L'association politique trouverait donc son modèle dans la *forme* du lien religieux, celle de l'acte de foi. On connaît aujourd'hui la variante contemporaine répandue de cette relation, inspirée par les sciences humaines : le lien social étant à l'origine des rassemblements politiques, il pourrait bien en être aussi le fondement ; et comme il n'existe aucune société sans religion, l'universalité de fait du lien religieux est bientôt métamorphosée en universalité de droit.

Or c'est ce nœud entre lien religieux, lien social et lien politique, consacré par la figure moderne de la tolérance, que le principe de laïcité tranche. Ou plutôt : pour rendre la laïcité intelligible, il faut s'efforcer de comprendre comment et pourquoi ce nœud peut être défait.

Système complet de la tolérance élargie

Cependant, la tolérance ne se réduit à pas à cette position restreinte. Elle connaît une forme élargie, notamment développée par Pierre Bayle, de manière à admettre les incroyants. Bayle utilise le même argument que Locke, mais il le retourne : si les athées peuvent être admis dans la société politique, c'est précisément parce que leur absence de relation à une communauté croyante et à une autorité qui transcende la société civile les rend plus vulnérables et les assujettit *a fortiori* aux lois. Privés de tout recours à un arrière-monde, ils ne peuvent en appeler à aucun dieu pour couvrir leurs éventuelles transgressions :

> [...] un athée destitué de cette grande protection demeure justement exposé à toute la rigueur des lois [...][1].

Ce faisant, Bayle pose et résout en même temps la question de fait : celui qui ne se reconnaît dans aucune communauté existante peut-il entrer dans la communauté politique ? La disjonction entre lien social et lien politique est alors posée.

Une telle conception élargie de la tolérance exige l'ajout d'une troisième proposition aux deux précédemment énoncées, et vient ainsi compléter le système :

1) Personne n'est tenu d'avoir une religion plutôt qu'une autre.

2) Personne n'est tenu de n'avoir aucune religion.

3) Personne n'est tenu d'avoir une religion plutôt qu'aucune.

Cette fois le système est complet car il épuise et traite toutes les possibilités de position relativement à la croyance. Mais sa complétude même fait ici problème : la laïcité ne saurait l'enrichir. Du reste, ce système est commun à la tolérance élargie et à la laïcité : dans l'un et l'autre cas, la jouissance de la liberté de culte et de pensée est identique, chacun étant libre d'adopter la position religieuse de son choix en adhérant à une communauté confessionnelle, chacun étant libre même de pratiquer un culte connu de lui seul, enfin chacun étant libre de n'embrasser aucune croyance. De ce point de vue, les effets juridiques sur la liberté des individus seront indiscernables.

---

1. P. Bayle, *Commentaire philosophique sur ces paroles de Jésus-Christ « Contrains-les d'entrer »*, IIe partie, chap. IX, J.-M. Gros (éd.), Paris, Presses Pocket, 1992, p. 304-313 et dans *Les Fondements philosophiques de la tolérance*, Y. Ch. Zarka, F. Lessay et J. Rogers (éds.), Paris, PUF, 2002, vol. 3.

Comment alors distinguer la laïcité d'une tolérance élargie ? On pourra le faire en ajoutant deux principes qui semblent sortir du système.

1) L'abstention absolue de la puissance publique en matière de croyance ou d'incroyance – exclusion d'une religion officielle, même civile.

2) L'exclusion des communautés (qu'elles soient confessionnelles ou non) de la formation de la loi : la loi ne peut émaner que des individus-citoyens constitués en représentation générale.

Ramené à notre propos, ce dernier principe signifie qu'aucune communauté n'est reconnue comme interlocuteur légitime pour produire la loi. Les citoyens peuvent être catholiques, musulmans, athées, etc., mais aucune église, aucune secte ne peut s'ériger en agent politique apte à concourir directement ès qualités à l'expression de la loi. Une association politique laïque ne peut jamais être une association de communautés, si nombreuses et variées soient-elles. Si les associations cultuelles peuvent avoir un statut juridique, en revanche elles ne peuvent acquérir de statut politique : la laïcité est incompatible avec une démocratie d'association ou reconnaissant des corps intermédiaires. Cette incompatibilité est énoncée notamment par l'article 2 de la loi du 9 décembre 1905 : *La République ne reconnaît, ne salarie ni ne subventionne aucun culte.*

Aucun de ces deux principes ne s'impose en revanche à un État tolérant, où une religion officielle est possible, et où des communautés peuvent concourir à la formation de la loi, siéger dans les assemblées, être des interlocuteurs politiques de plein droit : il faut et il suffit que la loi n'use pas de contrainte en matière de croyance.

De la contingence des religions à la contingence
  de la forme religieuse. La laïcité comme
    « moment transcendantal »

On peut désormais radicaliser le problème afin de le poser
plus nettement : les deux principes qui distinguent la laïcité
sont-ils totalement étrangers au système des trois propositions
qui a été déduit ? En quoi ce système peut-il en être affecté ?
S'il ne peut être étendu, en revanche il peut être *lu* selon des
dispositifs différents. Il ne s'agira alors que de trouver un
dispositif susceptible de le rendre solidaire des deux principes
supplémentaires qui spécifient la laïcité. Or un tel dispositif
apparaît si l'on cesse de lire les trois propositions comme des
énoncés homogènes ayant même statut.

Nous avons complété le système en y adjoignant la
troisième proposition à la faveur d'une question de fait : peut-
on admettre dans une communauté politique celui qui proclame sa non-appartenance à une communauté de croyance ?
Oui, on le peut : c'est la tolérance élargie. Mais il reste à
formuler la question de droit : est-il possible de former une
association politique en dehors de toute référence religieuse,
en dehors de toute liaison de type religieux, notamment d'une
foi civile ? L'incroyance comme forme change alors de statut :
de simple position, comparable et juxtaposable à d'autres, elle
devient condition d'impossibilité (comme le pensait Locke)
ou de possibilité pour l'association politique.

La formulation de la question suppose donc que, dans
notre système de trois propositions, on accorde un statut
particulier à la troisième – *personne n'est tenu d'avoir une*
religion plutôt qu'aucune – dans la mesure où elle ne désigne
pas seulement l'existence de fait de tels ou tels incroyants,
mais où elle exhibe le principe qui faisait scandale aux yeux de
Locke : celui, non pas de la contingence des religions, mais

celui de la contingence de toute attitude religieuse. Le système des trois propositions en reçoit un éclairage nouveau : en récusant la nécessité et l'universalité de l'attitude de croyance comme telle, la troisième proposition retrouve son « odeur de soufre » et devient clef de voûte du système. Il ne s'agit plus d'insérer les incroyants sous la loi commune au motif que leur incroyance les rend plus sensibles à la loi, mais bien plutôt de regarder en face ce qui se présente comme un *degré zéro* du lien tant social que religieux et d'en faire un fondement pour penser le lien politique. C'est sur la contingence de la croyance en général et *comme forme* que viendront alors s'inscrire croyances et incroyances comme faits.

Une telle lecture ouvre un espace philosophique à la fois vide et fondateur. Alors que le modèle de la tolérance reste attaché à un réel social qu'il s'agit d'harmoniser, où les communautés religieuses demeurent fondatrices de l'organisation des libertés, où elles peuvent même recevoir un statut politique, la laïcité raisonne au-delà de la prise en compte des forces existantes (ou plus précisément en deçà, en posant un espace abstrait et fictif), en termes de conditions de possibilité *a priori*. La liberté y est envisagée par principe et de manière purement formelle, sans recevoir de contenu, et non comme le motif et l'effet de la juxtaposition réglée des différentes options de croyance et d'incroyance.

L'idée d'un espace *a priori* qui se présente comme condition de possibilité du fonctionnement du système n'est elle-même pensable que si on consent à dénouer la relation entre la forme du lien religieux ou social et celle de l'association politique garante de la liberté[1]. C'est la raison pour laquelle

---

1. Les auteurs de la loi de 1905 et les fondateurs de l'école laïque ont eu quelques réticences et difficultés à penser ce moment extrême. Voir l'article de P. Decormeille « Laïcité et lien social », dans *De la séparation des Églises et de*

la non-croyance (et non pas les incroyants dans leur réalité empirique) comme pure *forme* est un moment décisif. La loi a-t-elle besoin d'une forme de foi ? La réponse à cette question discriminante ouvre ou verrouille cet espace fondateur.

On voit donc que, au-delà des effets juridiques par lesquels les libertés sont assurées, la différence essentielle tient au dispositif de pensée. En réduisant à son degré zéro la notion d'appartenance supposée par la forme du religieux, et en posant cet élément vide comme principe du système, la laïcité dégage un « moment transcendantal » qui s'interroge sur les conditions de possibilité *a priori* de la liberté de pensée, de croyance, d'opinion. Ce moment transcendantal écarte *ipso facto* de la constitution politique tout acte de foi comme superflu : les deux principes qui semblaient extérieurs au système des trois propositions lues de manière homogène viennent alors non pas s'y adjoindre mais les expliciter. Ils apparaissent comme des corollaires de la troisième proposition qui reçoit un statut fondamental parce qu'elle contient le principe de contingence de l'attitude religieuse elle-même.

Assurer la liberté de quelqu'un qui n'existe pas ?

La pensée politique engagée par ce moment qu'on peut caractériser, selon l'angle de vision, comme « transcendantal » (du point de vue des conditions de possibilité *a priori* de la coexistence des libertés) ou comme principe de la contingence de toute attitude de croyance (du point de vue de sa production par la pensée) exclut que l'association politique se forme en rassemblant des communautés déjà constituées. Elle accorde toujours la primauté à l'individu sur toute communauté, et elle

l'État à l'avenir de la laïcité, actes des Entretiens d'Auxerre (2004), J. Baubérot et M. Wieviorka (dir.), La Tour-d'Aigues, Éd. de l'Aube, 2005, p. 309-321.

le fait en raisonnant sur des possibles. On rencontre ici une conséquence du principe de contingence en général. Ici comme ailleurs[1], c'est bien la suspension théorique du réel et de ce qui se donne comme tel qui élargit la pensée pour la placer sous le régime de l'hypothèse et de la fiction. En l'occurrence, il s'agit de produire un espace rendant possible *a priori* la liberté des opinions, réelles et possibles.

L'abstraction de la démarche ne doit pas nous effrayer; il faut avoir au contraire l'audace de la pousser jusqu'à son point extrême, qui en révèle la puissance concrète. Si l'on reprend la figure heuristique de l'incroyance – heuristique puisque c'est par elle que nous est apparu le moment décisif – on pourra dire : dans un État laïque, l'incroyant a sa liberté assurée *a priori*, même s'il est tout seul, même si tous ont une seule et même religion, et – il faut aller jusqu'à cette extrémité qui révèle la fécondité de l'opération – *même s'il n'existe pas*. C'est sur cette suspension extrême que l'ensemble du spectre des croyances et des incroyances peut se déployer sans avoir besoin d'être énuméré point par point.

Pour mieux éclairer la nature et la puissance de cette opération de fiction, prenons un exemple. Supposons que nous sommes dans un train, dans une salle non-fumeurs ; imaginons qu'il n'y ait que trois ou quatre personnes et que nous soyons tous d'accord pour fumer. Il n'y a personne d'autre que nous ; nous ne gênons aucune personne réelle. Si le contrôleur passe, il va nous faire la réflexion : – «Ici, vous êtes en non-fumeurs». – «Oui, mais cela ne gêne personne», allons-nous

---

1. Le principe de la contingence rend possible, par exemple, l'idée même de la connaissance. Il faut suspendre la certitude immédiate pour construire toute certitude ; celui qui n'a jamais soupçonné les choses d'être autrement qu'elles ne sont ne peut produire aucune proposition certaine, c'est-à-dire établie ; faute d'hypothèse il n'accède pas au régime de l'explication.

lui répondre, «vous pouvez demander autour de vous». – «Certainement, mais ce n'est pas la question : vous êtes dans un espace où il est interdit de fumer». Ce n'est pas du tout une réponse bornée car si on lui demande une justification il ne pourra que répondre : – «C'est vrai, vous ne gênez personne en particulier mais il pourrait y avoir quelqu'un». Alors nous allons lui faire remarquer que entre le moment où nous sommes montés et le terminus, il n'y a aucun arrêt et que personne ne peut venir. À l'objection du réel il devra alors opposer la fiction du droit : *il pourrait y avoir quelqu'un*; vous gênez le non-fumeur fictivement présent par cet interdit.

On voit par cet exemple l'utilité de la fiction pour construire l'idée de droit. Le droit gagne en efficacité et en réalité lorsqu'il s'interroge ainsi sur les droits et devoirs d'une personne fictive «qui n'existe pas».

Ce fonctionnement à la fois très simple et très sophistiqué, la laïcité le construit s'agissant de la liberté d'opinion. Il faut supposer un désert des opinions – ou plus justement *une opinion désertique* – pour penser leur déploiement libre. Chose que les tyrans ont toujours su à leur manière en pratiquant le *désert réel* des opinions qui les abolit toutes effectivement, figure symétrique (diamétralement opposée) de l'opinion constituée par son propre vide, de *l'opinion désertique* qui en faisant la fiction de leur suspension a pour fonction de les rétablir non pas une à une mais dans leur principe, en tant qu'ensemble de possibles.

La pensée qui fait surgir les possibles sous l'hypothèse d'une fiction radicale est une opération bien connue des scientifiques et des philosophes : on peut penser, par exemple, au caractère radical et hyperbolique du doute cartésien lorsqu'il recourt au Malin génie; dans le domaine politique, on peut citer la formation du concept de citoyen par Rousseau

– nous y reviendrons un peu plus loin. Dans le texte intitulé *Vers la paix perpétuelle*, Kant formule la question de la coexistence des libertés en faisant la fiction d'un *peuple de démons*[1]. Pour penser la coexistence des libertés, il faut en effet supposer l'exercice le plus radical de la liberté ; un peuple de démons, s'il devait se donner une constitution rendant possible cet exercice par chacun, devrait sans doute trouver les meilleures lois possibles. Ajoutons à cette référence kantienne le poème aux *Soldats de l'An II* dans lequel Victor Hugo, pour les célébrer, présente les soldats de la République lui aussi comme des démons, des démons de la liberté, mais des démons quand même ! L'image est parfaitement bien choisie y compris dans son ambivalence, car le démon est autant un « génie » inspirateur que quelqu'un prétendant se soustraire à toute extériorité et se conduire comme s'il était un dieu : jouir d'un statut de sujet absolu, ne dépendant de rien ni de personne. Alors, comment un peuple de démons pourrait-il s'établir en association politique accordant toutes ces prétentions incompatibles ? Le problème se résout si l'on consent à le transformer lui-même en solution : seuls de tels démons peuvent mettre à l'épreuve le concept de la liberté.

Notre démon en l'occurrence est la figure de l'incroyance. Que faire avec des incroyants qui ne croient même pas à la figure du lien ?, demande le tolérant. Nous allons les inclure car ils craindront les lois, répond la tolérance élargie, et nous considérerons les incroyances comme des opinions parmi d'autres. Nous allons faire la fiction d'un démon, d'une

1. Kant, *Vers la paix perpétuelle*, Paris, Vrin, 1999. Kant considère que la nécessité de la conservation qui pousse ces « démons » à construire une constitution politique est l'œuvre indirecte d'une nature finalisée. Nous nous contentons ici de la partie la plus élémentaire de cette fiction, pour supposer la coexistence de libertés qui ne consentiraient à s'accorder que pour rester des libertés.

incroyance absolue qui prétend se défaire de toute liaison : c'est sur ce vide que nous construirons la coexistence des libertés, et que nous concevrons les relations des sujets politiques de manière entièrement nouvelle et indépendante de toute autre forme de liaison. Telle est la réponse de la laïcité.

Il importe une fois de plus de voir que la figure de l'incroyance n'est ici nullement prise dans son contenu – lequel pourra être aussi pauvre ou aussi stupide qu'on voudra – mais comme figure extrême, minimale, d'une fiction de laboratoire dont la fonction est de libérer un espace politique jusque-là insoupçonné. La non-croyance comme figure ou comme forme place la question de la coexistence des libertés d'opinion dans un vide expérimental, une sorte de tube de Newton.

À l'aveuglement déjà présent dans la tolérance, il faut donc ajouter un moment de *vide* révélateur, moment fictif et purement philosophique sans doute, mais nécessaire pour comprendre le fonctionnement du concept de laïcité et pourquoi il réarrange les trois propositions dans cet ordre. Mais ce vide et cet aveuglement, pour fictifs qu'ils soient, ne sont nullement privés d'efficacité : ce fonctionnement théorique se traduit concrètement en fonctionnement juridique. Un exemple historique en est la loi du 13 novembre 1791 relative aux Juifs, préparée par la fameuse formule de Clermont-Tonnerre à l'Assemblée constituante le 23 décembre 1789 :

> Il faut tout refuser aux Juifs comme nation ; il faut tout leur accorder comme individus ; il faut qu'ils soient citoyens [1].

La formule, citée aujourd'hui étourdiment comme le comble de l'abomination jacobine, est profondément libéra-

---

1. *Le Moniteur universel*, 23 décembre 1789, dans R. Neher-Bernheim, *Histoire juive de la Révolution à l'État d'Israël*, Paris, Seuil, 2002, p. 69.

trice précisément en ce qu'elle proclame un *devoir d'aveugle-ment* qui suppose l'évacuation théorique de l'appartenance. Si seulement chaque citoyen français ou même chaque fonction-naire, chaque policier, avait tenu bon sur cette proposition sous le gouvernement de Vichy (le seul à avoir remis en cause cette loi), et avait réclamé alors le droit et le devoir de s'aveugler aux Juifs « comme nation » c'est-à-dire comme appartenance communautaire, cela aurait fait beaucoup de résistants...

Alors que la tolérance ne ferme les yeux sur les convictions et les appartenances que parce qu'elle les a d'abord ouverts sur leur multiplicité afin de les prendre en compte dans un dénombrement réel – et parfois même au nom de l'une d'entre elles érigée en religion officielle – la laïcité exige au contraire qu'on s'aveugle par principe et préalablement, considérant les convictions et les appartenances comme infinies et ne les connaissant que dans leurs éventuelles conséquences civiles. Cette opération d'évidement fait surgir un moment atomique du politique, la fiction d'un « démon », un individu libre, sans appartenance, sujet abstrait du droit – il n'existe pas... !

Les adversaires de la laïcité qui lui reprochent de parler d'un homme abstrait sans qualités, loin du réel social, ne croient donc pas si bien dire. Il faut prendre ce reproche au sérieux et en tirer les conséquences. Non seulement il s'agit bien d'assurer la liberté à partir de la fiction de quelqu'un « qui pourrait exister », mais il faut ici oser retrouver ce que la métaphysique classique savait déjà : on n'a d'idée complète de la liberté que si on pose un *sujet* dans la plénitude et l'insolence de son abstraction. Et il faut également retourner le reproche : comment avoir une idée substantielle et constante de la liberté si on se borne aux libertés existantes, observables ici et maintenant ?

Tolérance restreinte, tolérance élargie, laïcité :
synthèse de la déduction comparée

L'ensemble de la réflexion aboutit à une déduction comparée des trois concepts – tolérance restreinte, tolérance élargie, laïcité – dont le résultat se laisse représenter en tableau.

	Tolérance restreinte	Tolérance élargie	Laïcité
Autonomie du jugement	Oui	Oui	Oui
Séparation public/privé	Oui	Oui	Oui
Contingence des religions	Oui	Oui	Oui
Possibilité d'une religion officielle ou d'un dogme civil	Oui Il suffit que la puissance publique n'use pas de contrainte	Oui Il suffit que la puissance publique n'use pas de contrainte	Non La puissance publique est frappée par l'abstention
Les communautés en tant que telles peuvent-elles être des acteurs politiques reconnus ?	Oui Il suffit que personne ne soit contraint	Oui Il suffit que personne ne soit contraint	Non Pas de corps intermédiaires
Peut-on penser la cité sans un fondement religieux ?	Non	On le peut	On le doit La référence religieuse est superflue
Contingence de la croyance comme forme	Non L'incroyance dissout toute possibilité de lien	Proposition admissible en fait Les incroyants craignent la loi civile	Proposition nécessaire en droit L'association ne doit rien dans sa pensée aux liens préexistants

Les trois propositions relatives à l'exercice de la liberté de croyance et d'incroyance s'ordonnent finalement de trois manières.

Tolérance restreinte :

1) Personne n'est tenu d'avoir une religion plutôt qu'une autre.

2) Personne n'est tenu de n'avoir aucune religion.

[3) La forme de l'incroyance est incompatible avec la cité].

Tolérance élargie :

1) Personne n'est tenu d'avoir une religion plutôt qu'une autre.

2) Personne n'est tenu de n'avoir aucune religion.

3) Personne n'est tenu d'avoir une religion plutôt qu'aucune [L'existence des incroyants n'est pas un obstacle].

Laïcité :

1) Personne n'est tenu d'avoir une religion plutôt qu'aucune. [la forme de la croyance n'est nullement nécessaire à la constitution de la cité].

2) Par conséquent :

2a) Personne n'est tenu d'avoir une religion plutôt qu'une autre.

2b) Personne n'est tenu de n'avoir aucune religion.

Cinq conséquences et cinq figures

Enfin, il en résulte une série de conséquences par lesquelles nous terminerons cette déduction des concepts.

1) Une *société* peut être tolérante : c'est le cas lorsque les différentes communautés vivent en bonne entente sur un territoire commun sans nécessairement avoir adopté une loi commune réglant explicitement cette question. Une *association politique* peut être tolérante : c'est le cas lorsqu'une loi

commune règle et assure la coexistence des libertés selon les principes de la tolérance (restreinte ou élargie). Mais seule une *association politique* peut être laïque : la laïcité suppose un règlement explicite articulant les conditions de possibilité de la coexistence des libertés. Aucun fonctionnement implicite ou spontané n'est ici envisageable. La loi doit formuler, d'une manière ou d'une autre, par des textes groupés ou dispersés, le principe de contingence de la forme même de la croyance ; elle doit dire d'une manière ou d'une autre, en une ou plusieurs fois, que la cité n'a nul besoin, pour se former et pour fonctionner, d'un fondement de type religieux appuyé sur la croyance comme forme.

Si on prend l'exemple de la législation française, cette superfluité de la croyance comme forme est énoncée notamment par les articles 2 et 6 de la *Déclaration* des droits, par l'article 2 (déjà cité) de la loi de 1905, et par le choix du vocabulaire dans la première phrase de l'article 1 de cette même loi[1]. En effet, comme le fait remarquer Henri Pena-Ruiz, la formulation retenue « la République assure la liberté de conscience » s'oppose à un autre choix qui aurait pu être « la République assure la liberté religieuse » – point abordé par la seconde phrase seulement et qui apparaît alors comme dérivé de la première déclaration : « Elle garantit le libre exercice des cultes sous les seules restrictions édictées ci-après […] ». Assurer simplement la liberté religieuse, c'eût été exclure non seulement les incroyances comme courants de pensée (et donc, en accordant une primauté aux religions, adopter insidieusement la thèse de la tolérance restreinte), mais aussi et surtout l'incroyance comme forme. En revanche la formule

---

1. Article 1 : *La République assure la liberté de conscience. Elle garantit le libre exercice des cultes sous les seules restrictions édictées ci-après dans l'intérêt de l'ordre public.*

« la liberté de conscience » suppose l'infinité des options y compris le refus de toute option, et la poser en principe c'est écarter *ipso facto* l'idée que la croyance est nécessaire pour former l'association politique[1].

2) Le fondement de l'association politique se pensant indépendamment de toute référence religieuse ou à un lien préexistant, *la religion civile est directement contraire à la laïcité*, cette dernière ne s'opposant aux religions que dans la mesure où elles prétendent faire la loi. Contrairement à une idée répandue, l'opposition ne passe pas entre les religions constituées et la laïcité, mais entre la partie civile des religions et la laïcité. On en conclut qu'une religion dont le contenu serait entièrement formé de maximes à portée juridique serait totalement incompatible avec la laïcité. La thèse laïque ne combat donc que le moment législatif et temporel des religions, mais elle doit combattre l'intégralité d'une religion qui serait uniquement civile. En conséquence, elle doit également veiller à ce que la loi elle-même ne soit jamais présentée comme un article de foi auquel chacun est requis d'adhérer, ou que chacun serait tenu d'aimer – il suffit qu'elle soit respectée. La question de la religion civile a profondément déchiré les révolutionnaires français entre 1789 et 1793, et elle est loin d'être apaisée[2].

---

1. Voir H. Pena-Ruiz *Qu'est-ce que la laïcité ?*, Paris, Gallimard, 2003, p. 145-146. Reste que l'expression « liberté de conscience » pose à son tour un problème si on en fait une lecture isolée, car elle pourrait conduire au blocage du principe même de la législation en ouvrant la porte à l'objection de conscience. Il faut rétablir l'intégralité de la lecture de la loi éclairée par la lecture des principes constitutionnels pour comprendre qu'on ne peut pas en faire une lecture subjective.

2. Elle surgit structurellement aujourd'hui encore au sujet de l'instruction civique, des fêtes et célébrations nationales et des relations entre esthétique et politique, et plus insidieusement par l'appel à des « valeurs » et par une tendance de plus en plus fréquente de la législation à dire (notamment en matière de connaissance historique) ce qu'il est bon de croire et de penser.

Dans ses deux figures, la tolérance rencontre la question sous un régime moins rigoureux mais tout aussi décisif en ce qui touche l'espace de liberté des citoyens. Aucune religion, aucune secte n'y est autorisée à s'imposer comme loi civile[1]. En revanche rien n'exclut que les communautés religieuses aient en tant que telles leur mot à dire dans la formation de la loi, ni qu'une religion soit reconnue comme étant celle de la puissance publique. Il en résulte une inégalité philosophique en dignité des citoyens selon leur appartenance ou leur non-appartenance, même si une jouissance égale de la liberté leur est assurée.

3) La forme de l'association politique laïque permettant à chacun de vivre en communauté, mais aussi de changer de communauté ou encore de se soustraire à toute communauté, il ne saurait y avoir d'obligation d'appartenance : *le principe de la suspension du lien social apparaît comme constitutif du lien politique*, tout autre lien étant surabondant pour former la cité. La tolérance restreinte n'assure la liberté de se défaire de sa propre communauté d'origine qu'en changeant de communauté. La tolérance élargie l'assure plus largement par la multiplicité plus grande des options admissibles de la part des citoyens. Mais ni l'une ni l'autre ne pose comme principe la disjonction absolue entre les liens empiriques et le lien constitutif de l'association politique. Cette disjonction apparaît bien comme un paradoxe sur lequel nous allons nous interroger un peu plus loin : comment penser un lien qui se constitue par la suspension de tout lien ?

4) L'association politique est à elle-même son commencement et sa fondation. Initialement et essentiellement elle ne rassemble que des sujets de droit, lesquels, étant obtenus par

---

1. Point fondamental de la *Lettre sur la tolérance* où Locke affirme l'exclusivité du pouvoir civil en matière temporelle.

une opération de suspension, ne préexistent pas à l'acte fondateur qui les promeut en agents politiques. Il s'agit donc d'une association qui ne regroupe pas des parties prenantes préalables : c'est l'association qui, par l'acte même de sa formation, constitue les associés. Cette propriété paradoxale prend modèle sur une théorie politique classique – celle de Rousseau – sur laquelle nous devrons réfléchir. En tout état de cause, cette quatrième conséquence peut s'énoncer très simplement : la laïcité ne consiste pas à harmoniser ou à réguler différentes positions d'opinion, de croyance, d'incroyance, etc., mais comme nous l'avons vu à produire un espace rendant cette harmonisation *a priori* possible. Elle ne résulte pas de la prise en compte de l'existant. Donc il ne saurait y avoir de pacte laïque ou de contrat laïque, notions qui supposent des parties prenantes préexistantes[1].

5) La laïcité n'est pas un courant de pensée parmi d'autres au sens ordinaire du terme. Elle professe que la puissance publique n'a rien à professer qui soit de l'ordre d'une option religieuse ou philosophique déterminée pour penser et pour construire la cité libre. Étant une condition de possibilité, un espace vide où vont pouvoir s'inscrire les différentes options possibles, elle ne saurait y être incluse. Ce n'est donc pas une doctrine – on ne peut pas parler des laïques comme on parle des

---

1. Par « contrat » ou « pacte » on se réfère ici au concept de philosophie politique classique développé plus particulièrement au XVIIe siècle et qui repose sur l'idée d'une aliénation-échange. Le modèle développé par Rousseau est quelque peu différent, puisqu'il suppose que c'est « la forme de l'acte » qui détermine l'intégralité de l'opération en produisant les contractants eux-mêmes. L'usage contemporain des termes est plus large et peut désigner notamment l'idée d'entente, de discussion et d'un compromis qui met fin à un affrontement, il s'agit d'un modèle de description historique et non d'un schéma de théorie philosophique ; voir sur ce point J. Baubérot, *Vers un nouveau pacte laïque*, Paris, Seuil, 1990, on consultera aussi du même auteur, *Histoire de la laïcité en France*, Paris, PUF, 3e éd., 2005.

catholiques ou des musulmans (lesquels peuvent aussi être laïques). L'expression « intégrisme laïque » n'a pas de sens conceptuel ; elle ne peut désigner qu'une position sectaire qui prétendrait étendre le principe de réserve valide dans la sphère publique à l'ensemble de la société civile – ce qui reviendrait à interdire toute manifestation religieuse et toute liberté d'opinion affichée. Position qui ruine la laïcité dont l'objet est de rendre possibles *a priori* ces différentes libertés, et qui la contredit puisqu'elle érige en opinion officielle un contenu doctrinal ouvertement anti-religieux.

La mise en place qui précède permet enfin de brosser cinq figures animant les conflits actuels[1].

Le « Républicain laïque » place au fondement de la cité le principe de laïcité qui impose l'abstention stricte de la puissance publique et un devoir de réserve de la part de tous ceux qui y participent. Il résulte de ce principe que dans la sphère de la société civile cette abstention n'est pas requise et que toutes les positions, pourvu qu'elles ne soient pas contraires au droit commun, sont licites.

Le « Démocrate communautariste » place le principe de prise en compte des différences et des communautés au fondement de la cité, il raisonne en termes réels. Fidèle au principe de tolérance, il recherche la cohabitation pacifique et harmonieuse des différences dans la société civile mais, au nom de ces mêmes différences, il admet le principe d'appartenance d'un individu à une communauté et celui des corps intermédiaires.

Le « Totalitaire intégriste » n'admet ni tolérance ni laïcité, car il place au fondement de la cité une doctrine officielle

---

1. Je dois une grande partie de cette construction à un texte inédit de J.-M. Kintzler, que je remercie.

rendant impossible la liberté d'opinion, de croyance, de pensée et à laquelle chacun est tenu d'adhérer.

Le «Laïque intégriste» étend le principe de réserve à l'ensemble de la société civile : ce faisant il confond espace public et espace civil, et n'accepte la liberté d'opinion, de croyance, de pensée, qu'à titre privé et en limitant son expression.

Enfin le «Néo-laïque», apparu récemment sous le label «laïcité ouverte», est une figure tourmentée : authentiquement laïque lorsqu'il est confronté à un intégrisme de droite ou du Nord, il devient communautariste lorsqu'il est confronté à un totalitarisme du Sud, tout particulièrement face à l'intégrisme islamiste à visée politique.

POLITIQUE, ÉDUCATION, CULTURE :
TROIS PARADOXES DE LA LAÏCITÉ

Bien que la laïcité ne soit pas une doctrine – elle affirme qu'un contenu doctrinal philosophique ou religieux déterminé est superflu pour construire l'objet politique – il s'agit cependant d'une *théorie* dont les conséquences politiques et morales sont loin d'être neutres. Nous l'avons entrevu chemin faisant : par exemple, la laïcité exclut certains choix politiques comme la démocratie d'association, le corporatisme, le fédéralisme multiculturel où les communautés peuvent exercer une partie de l'autorité civile. En outre, et comme chacun le sait, la laïcité est fortement liée à une pensée de l'éducation – à tel point que l'usage courant du terme «laïcité» est contemporain de l'institution de l'école publique sous la IIIe République[1] et

---

1. Le terme «laïcité» apparaît en 1871 dans le supplément du *Littré*. Mais c'est F. Buisson qui l'introduit au lexique sous son plein régime : *Dictionnaire de pédagogie et d'instruction primaire*, Paris, Hachette 1888, Ire partie,

qu'elle se confond volontiers avec cet établissement. Enfin elle n'est pas étrangère au champ de la moralité, on parle en effet couramment de « morale laïque ».

Tout cela ne va pas de soi. Car si on peut comprendre aisément qu'une théorie de la limitation de l'autorité politique engage une conception de l'objet politique lui-même, il paraît paradoxal de fonder l'association politique sur la suspension de tout lien préalable, et encore plus étrange de confier à la puissance publique le soin des établissements scolaires alors qu'on prétend en limiter les pouvoirs en matière d'exercice du jugement[1]. Aussi paradoxal enfin est le rapport entre la laïcité, qui se présente d'abord comme une théorie de l'abstention et de l'aveuglement, la moralité et, comme nous allons le voir, la culture elle-même.

D'où les trois questions qui suivent, nouées autour d'un paradoxe. Quelle conception de l'association politique est engagée par la laïcité ? Comment la laïcité scolaire est-elle possible et pourquoi la considère-t-on comme le noyau de la pensée laïque ? La laïcité engage-t-elle une façon de concevoir la culture ?

Une conception de l'association politique : un lien qui m'affranchit de tout lien ?

a) *Un détour par Rousseau*

Le parcours précédent conduit à l'idée d'un vide expérimental. À la manière d'un tube de Newton, la laïcité place la question des options de croyance et d'incroyance dans

---

t. 2, p. 1469 (accessible sur la bibliothèque numérique de la Bnf : http://gallica.bnf.fr). Voir l'édition d'extraits du *Dictionnaire* par P. Hayat, Paris, Kimé, 2000.

1. Paradoxe souligné notamment par P. Canivez, *Éduquer le citoyen ?*, Paris, Hatier, 1995.

un espace fictif qui ne les neutralise pas, mais qui les détache momentanément du sujet libre qui les embrasse. Cette opération revient à isoler « celui qui n'existe pas », un sujet atomique du droit sans propriétés particulières, qui, placé en position de législateur, va s'interroger à partir de ce lieu vide.

L'opération n'a rien de mystérieux, elle s'inspire de celle que Rousseau met en place au livre premier de *Du Contrat social*. Il y convie en effet « l'homme » à un parcours à l'issue duquel celui-ci se métamorphose en « citoyen » par un dépouillement, une « aliénation totale » qui fait surgir un agent politique pur. Ainsi, et pour prendre un exemple, l'homme se dépouille de sa liberté (qui consiste à faire tout ce qu'il veut dans la mesure où il le peut), il devient par là l'égal de tous les autres effectuant la même opération, et la liberté ainsi reconsidérée se voit alors déclinée sur le mode de l'universel : elle devient la liberté de tous, celle de chacun, et donc aussi la mienne. Cela change bien des choses ; si je suis libre comme « homme » de mettre le volume de ma chaîne hifi au maximum, je serai libre comme « citoyen » de jouir de la tranquillité que je m'assure à moi-même en m'interdisant d'assourdir mon voisin. L'exemple des biens est encore plus parlant pour souligner l'avantage de l'opération : si je suis libre naturellement de m'emparer de tout ce qui est à ma portée – mais que je devrai surveiller en vertu de cette même liberté que l'autre ne manquera pas d'exercer – je serai libre civilement d'être propriétaire d'une maison que je n'occupe pas, d'un champ que je ne surveille pas, etc.

Pourquoi revenir sur ce fonctionnement bien connu ? Parce que Rousseau, à la différence des théoriciens classiques du contrat qui l'ont précédé[1], ne raisonne pas en termes d'échange, mais en termes de métamorphose : en me soumet-

---

1. Comme Pufendorf.

tant à la loi, je n'échange pas une liberté naturelle contre une liberté civile, je me transforme moi-même en devenant le sujet qui énonce la loi. La métamorphose suppose que, dans ce moment fondateur, je me pense (moi et tout autre) comme un élément abstrait, sans autre propriété qu'une liberté sans prédicat. Les prédicats me seront en quelque sorte rendus, non pas tels quels, mais affectés, à la fois en plus et en moins mais toujours en mieux, par ce changement. Ainsi ma liberté, en devenant la liberté de tous (non pas celle de tous ceux qui sont ici et maintenant, mais celle de tout homme en général) accède à son concept. On retrouve le raisonnement de notre contrôleur SNCF : « il pourrait y avoir quelqu'un » : pour pouvoir énoncer et assurer le droit de tous, ce qui est une façon de définir la loi (car que serait une loi qui ne s'appliquerait pas à tous ?), il faut s'interroger sur le droit de celui qui n'existe pas mais qui pourrait exister.

L'intérêt de ce retour sur Rousseau est l'originalité du processus : il apparaît que le « contrat » social ainsi caractérisé n'est pas vraiment un contrat, en ce sens qu'il ne suppose pas des parties prenantes préexistantes : il produit ses parties prenantes par « la forme de l'acte » laquelle s'engage par une opération de dépouillement, d'abstraction totale.

Un tel fonctionnement est pour nous hautement instructif. Comme on l'a vu, la laïcité se construit grâce à un moment de dépouillement, un moment vide. En outre, elle n'est pas un contrat par lequel des parties existantes s'accordent pour coexister, mais une condition de possibilité de cette coexistence.

Mais Rousseau n'est pas pour autant l'inventeur de la laïcité. Lorsqu'il aborde la question du lien religieux au Livre IV, il élabore les articles de foi d'une religion civile (chap. 8), colmatant ainsi le vide que, au contraire, une théorie de la laïcité se garde bien de remplir et dont elle s'efforce de laisser la vacance visible. On touche là un des problèmes les plus difficiles non seulement de la pensée de Rousseau – comment accorder le Livre I et le Livre IV du *Contrat social* et de manière plus générale comment accorder le promeneur solitaire avec les effusions de la *Lettre à d'Alembert sur les spectacles*? – mais de toute la problématique du lien politique.

Il semble en effet que, si le mécanisme initial du *Contrat social* n'est pas à proprement parler contractuel du fait qu'il produit les parties prenantes en même temps qu'il les associe, en revanche la nature de l'association ainsi formée soit pensée par Rousseau dans la perspective de sa continuation comme un maintien exigeant une réactivation morale et esthétique « dans le cœur des citoyens ». On passerait du moment fondateur comme pure opération politique à un moment à la fois esthétique et moral où la thématique fusionnelle de sociabilité déjà mise en place dans la *Lettre à d'Alembert* convertit le lien politique en lien à forme religieuse. Cette conversion du moment politique fondateur alimentera les débats de la Révolution française au sujet des fêtes nationales et des représentations imaginaires du politique – débats qui atteignent leur point culminant dans l'opposition entre Robespierre et Condorcet[1]. La question reste toujours d'actualité ; elle ne peut pas devenir obsolète pour des raisons qui touchent à sa nature : un concept transcendantal touchant la formation de l'objet politique en tant qu'association peut-il se passer d'un moment

1. Robespierre, « Sur les rapports des idées religieuses et morales avec les principes républicains, et sur les fêtes nationales », Discours à la Convention du 18 Floréal an II (7 mai 1794), dans Robespierre, *Discours et rapports à la Convention,* intro. M. Bourloiseau, Paris, UGE, 1965, rééd. 1988, p. 243-286. Condorcet, *Cinq Mémoires sur l'instruction publique*, Troisième mémoire, « Les spectacles, les fêtes doivent être des moyens indirects d'instruction », Paris, GF-Flammarion, 1994, p. 212 *sq.*

figuratif, même auxiliaire? Et ce moment esthétique nécessaire peut-il éviter une cristallisation sous la forme de la
ferveur, réintroduisant la notion de croyance [1] ?

Loin de compliquer la réflexion, la difficulté contribue au
contraire à l'éclaircir en décomposant les moments. La référence à Rousseau permet d'isoler le mécanisme initial de la
formation du citoyen comme une opération fictive et c'est ce
seul mécanisme qui peut servir ici de paradigme pour l'intelligibilité du « vide expérimental politique » indispensable au
concept de laïcité.

Rousseau expose ce mécanisme au chapitre 6 du Livre I du
Contrat social – il s'agit d'une opération d'aliénation totale
ayant paradoxalement pour résultat un maximum de droits; il
en décrit au chapitre 8 du Livre I l'effet de métamorphose sur
l'homme qui, en devenant citoyen, se voit capable « d'agir sur
d'autres principes » et de s'élever à un point de vue général. Ce
moment théorique produit un sujet politico-juridique général,
sans propriétés particulières (mais apte à toutes les recevoir) et
dont la singularité est la condition et le motif de son association avec les autres singularités. La composition du corps
politique évite tout moment moléculaire : seuls les atomes en
sont constitutifs. Autrement dit, *le contrat social est formé de
promeneurs solitaires, et réciproquement le promeneur
solitaire est rendu possible par le contrat social.*

b) *Le citoyen et les classes paradoxales : « Je ne suis
pas comme le reste des hommes »*

Grâce au chemin parcouru en compagnie de Rousseau,
on voit comment s'éclaire le premier paradoxe de la laïcité.
Rappelons-le : comment penser un lien qui se constitue par la

---

1. Les rapports entre politique, esthétique et morale sont ici engagés.

suspension de tout lien ? Ou encore : trouver une formule de liaison non seulement qui s'autorise de la déliaison entre eux des éléments qui la composent, mais encore qui la rende possible. Tel est le cercle qui unit le promeneur solitaire et le contrat social de Rousseau.

Le cercle est intelligible si on en analyse le mécanisme comme nous venons de le faire. Mais il faut supposer en outre que le motif de chacun pour entrer dans l'association est précisément de conquérir et de sauvegarder sa singularité, ce qui le délie des conglomérats traditionnels. L'association se forme parce que les singularités qui y entrent n'ont pas d'autre motif pour y adhérer que leur propre indépendance. C'est dire en d'autres termes que le seul motif valide des rassemblements politiques est l'énoncé et la préservation des droits de chacun, au nombre desquels la liberté est principale. Le principe d'un tel rassemblement doit produire l'assurance que chacun pourra y développer un maximum de propriétés singulières.

Ramenée à son angle d'attaque formel, la question d'une collection d'éléments qui ne se rassemblent qu'en vertu d'une formule assurant leur différenciation maximale est celle des *classes paradoxales*. Jean-Claude Milner en a donné naguère une théorie convaincante dans *Les Noms indistincts*[1]. La classe paradoxale désigne un ensemble par la fonction qui énonce le principe de séparation constituant ses éléments en classe. Jean-Claude Milner donne l'exemple du célèbre mythe des trois prisonniers[2] dont il tire la formule qu'il applique ensuite aux noms utilisés par la psychanalyse :

---

1. 2ᵉ éd. Lagrasse, Verdier, 2007, notamment chap. 11, p. 107 *sq.*
2. Exposé par J. Lacan dans « Le temps logique et l'assertion de certitude anticipée », *Écrits* I (1966), Paris, Seuil, 1999, p. 195 *sq.* Rappelons brièvement l'argument : un directeur de prison convoque trois détenus, leur montre cinq disques dont trois blancs et deux noirs et leur annonce qu'il va les placer dans

Il faut pourtant apercevoir que de telles relations ne doivent porter ce nom que par courtoisie : contrairement à toute relation imaginaire, elles ne créent nulle communauté. Au contraire, elles articulent une disjonction absolue : la substance réelle de la relation de chacun à chacun des deux autres est faite de cela même qui les disperse : non pas leur vie, mais leur désir de survie, qui dépend entièrement, pour s'accomplir, du désir de survie de chacun des autres, mais qui, accompli, épelle l'absolue séparation de chacun pour lui-même. [...] En bref, l'instance même qui les fait se ressembler et se confondre est ce qui les disjoint ; cela même qui les disjoint est ce qui les fait se rapporter les uns aux autres, sans pourtant ni se ressembler, ni se relier[1].

Former une république dans laquelle la dépendance à l'égard de l'autorité politique a pour motif et pour effet de rendre chaque citoyen indépendant de tout autre et libre de toute autre association, c'est souscrire au régime d'une classe paradoxale. Les droits définis pour tous ont pour effet que chacun pourra les exercer d'une manière radicalement dissemblable de tout autre.

On voit bien alors en quoi la question dite *des minorités culturelles* traverse le champ et peut s'articuler de deux manières opposées.

Ou bien, comme c'est le cas dans une association para-doxale, elle est laissée au silence de la loi : les minorités se forment à la faveur de l'aveuglement qui laisse le champ libre à tout ce qui ne ruine pas directement l'association. Mais elles ne jouissent d'aucune reconnaissance politique (même si elles

une salle sans miroir, en leur fixant chacun dans le dos un des cinq disques. Chacun pourra voir le disque des autres mais pas le sien et ils n'ont pas le droit de communiquer entre eux. Celui qui pourra déduire de quelle couleur il est porteur devra s'avancer vers la porte et, s'il a bien conclu, sera libéré.

1. *Les Noms indistincts*, p. 109.

jouissent d'un statut juridique), n'étant pas en tant que telles constitutives de l'association politique. Autrement dit, des molécules sociales peuvent se former, mais le seul régime légitime du point de vue de la pensée politique relève de la dimension atomique.

Ou bien les minorités se constituent en interlocuteurs légitimes et participent en tant que telles à la formation de la règle commune. La dimension moléculaire est alors considérée comme légitime.

C'est ainsi qu'on peut comprendre la distinction légale entre « connaître » et « reconnaître » : la loi de 1905 permet à la puissance publique de connaître les cultes, mais elle rend impossible leur reconnaissance. On peut discuter avec les chefs religieux ou avec les chefs de bande dans les « quartiers sensibles », mais on ne peut pas leur reconnaître d'autorité ni de compétence politique autre que celle qu'ils exercent comme citoyens individuels.

La question ne se réduit pas à une opposition entre universalisme et communautarisme. Plus fortement, deux modèles politiques entrent en concurrence sur le théâtre de l'histoire contemporaine. Le modèle classique, fondé sur l'explicitation et le minimalisme de la loi, suppose que celle-ci émane d'une instance définie tirant sa légitimité d'un dispositif de type atomique[1]. Il se caractérise par son unité et sa limitation : la loi ne peut pas porter sur tout et elle ne peut pas se contredire elle-même. Or un autre modèle se répand depuis la fin du XXe siècle, infiltrant le premier par une sorte de pulvérisation, dans lequel les « minorités » et plus généralement les

---

1. En dernière analyse, ce sont des individus constitués en corps politique qui détiennent la souveraineté : le suffrage est essentiel. Ce modèle trouve son lieu dans l'État-nation et le principe de la représentation; voir P. Canivez, *Qu'est-ce que la nation?*, Paris, Vrin, 2004, notamment p. 73-74.

groupes d'influence se définissent non pas par le suffrage mais par des propriétés sociales, culturelles, économiques, religieuses au nom desquelles une règle peut être produite (par exemple les revendications identitaires). Au sein de ce modèle, une multiplicité de pouvoirs (journalistiques, syndicaux, religieux, régionaux) se juxtaposent, font valoir leur prétention à produire la règle – et non comme cela est possible dans le modèle classique leur prétention à influer sur sa formation par l'intermédiaire des électeurs et de leurs représentants. De la sorte, nul ne peut savoir quelle règle sera appliquée ; les règles étant multiples peuvent se contredire, la prévalence se décidant selon le régime du plus fort ou du plus bruyant ou du mieux relayé par l'opinion, enfin et surtout le champ d'application des règles devient indéfini, illimité en principe [1].

Jean-Claude Milner a décrit l'opposition entre ces deux modèles et l'infiltration du premier par le second en soulignant la question de la limitation :

> Le modèle non-classique a aboli ce qui faisait le prix et la fragilité du modèle classique : l'hétérogénéité structurale entre le pas-tout de la société et le tout de la politique. Désormais, la société s'est annexé le pouvoir d'État comme un des pouvoirs qui la parcourent et le pouvoir d'État perçoit la société comme un réseau de minorités, s'alliant, se désalliant incessamment. Pas de limites ni à la société ni au pouvoir d'État, ni dans l'espace ni dans le temps [2].

1. Par exemple les contradictions entre règles nationales et règles européennes, particulièrement en matière agricole, ou encore la question de l'application de la « charia » récemment soulevée au Canada pour certaines communautés. Dans le modèle classique, des phénomènes analogues peuvent exister (par exemple la notion de « statut personnel ») mais ils sont considérés comme des anomalies ou des exceptions à caractère résiduel.

2. J.-Cl. Milner, « Les pouvoirs, d'un modèle à l'autre », *Élucidation* n° 6/7, p. 9-15. Sur la question de l'illimité et son rapport à la politique, on lira

Même si le concept de tolérance doit sa formation aux grands théoriciens du modèle classique comme Locke, même s'il s'inscrit traditionnellement dans ce modèle, on voit que, relativement à la légitimité des instances reconnues pour la formation de la loi, il offre une forte perméabilité au modèle illimité – il n'est pas impossible, par exemple, qu'une législation sur le blasphème soit adoptée en pays tolérant au motif de la reconnaissance d'un groupe culturel ou d'une minorité. Or l'inscription d'un sujet au régime d'une minorité l'identifie à celle-ci avant de l'identifier comme sujet : au prétexte qu'on reconnaît ainsi des particularités, on risque de reléguer au second plan la singularité. Quel groupe, quelle minorité pourrait être porteur du droit de la singularité en tant que telle ? Il y a là une contradiction absolue.

Prise à la dimension du citoyen, la question de l'inscription au régime de la classe paradoxale pourrait se formuler ainsi : dans une cité laïque, la proposition « je ne suis pas comme le reste des hommes » non seulement est possible, mais il faut la placer au fondement de l'association. *En entrant dans l'association, je vous demande de m'assurer que je pourrai être comme ne sont pas les autres, pourvu que je respecte les lois, lesquelles ne peuvent avoir d'autre fin ultime que de m'assurer ce droit* : telle est alors la formulation du motif et du fonctionnement primordial de l'association politique en régime de limitation. En cela, nous ne faisons rien d'autre que de paraphraser la définition que Condorcet donne de la fonction d'une Déclaration des droits à travers cette prosopopée de l'homme-citoyen :

du même auteur *Les Penchants criminels de l'Europe démocratique*, Lagrasse, Verdier, 2003, et le commentaire-débat en ligne entre l'auteur et moi-même : http://www.mezetulle.net/article-1779863.html.

> Chaque homme, en votant pour l'établissement d'une
> puissance législative régulière, lui dit : « Je vous établis pour
> régler la manière d'assurer à mes concitoyens comme à moi la
> jouissance de mes droits : je me soumets à obéir aux volontés
> générales que vous érigerez en lois ; mais je dois mettre des
> limites à ce pouvoir, et vous empêcher d'employer contre mes
> droits la puissance que je vous donne pour les défendre. Voilà
> quels sont ces droits, et vous ne pourrez y porter atteinte. Voilà
> les dangers qui peuvent résulter, pour ces droits, de l'autorité
> confiée à la puissance publique ; vous ne pouvez les y exposer.
> Voilà ceux qui résultent nécessairement de l'état social, vous y
> apporterez un remède » [1].

Il serait certainement intéressant de suivre l'histoire et les
avatars des propositions concrètes qui ont pu tour à tour incar-
ner la proposition générale « je ne suis pas comme le reste des
hommes », et de se demander lesquelles sont occasionnelles et
lesquelles sont substantielles. Par exemple, longtemps la
proposition « je suis homosexuel » a pu porter l'étendard de
la distinction. Or nous la voyons aujourd'hui rentrer dans le
rang d'une revendication communautaire – « je suis comme
d'autres et je réclame la reconnaissance de cette classe comme
non paradoxale ». On peut se demander si la proposition « Je
suis Juif », malgré les efforts fournis de tous côtés pour la
réduire à une appartenance factuelle, a encore la virulence
d'une affirmation critique de non-appartenance – relisons le
Sartre des *Réflexions sur la question juive*. Dans l'exposé qui
nous a permis de construire le concept de laïcité, nous avons
fait l'hypothèse que la proposition « je suis incroyant »
fonctionne structuralement comme classe paradoxale.

Alors que le modèle classique assure d'abord le droit
comme celui de singularités, le modèle « illimité » s'attache à

---

1. Condorcet, *Déclaration des droits* (1789), éd. Arago, Paris, Didot,
1847-1849, t. IX, p. 179 *sq.*

réduire la singularité à une collectivité sous forme d'appartenance : en déclarant que « je ne suis pas comme le reste des
hommes », je ne ferais rien d'autre que de rejoindre le groupe
où les autres sont comme moi. Telle est la fonction logique des
« minorités » au sens contemporain du terme (par opposition à
« la minorité », concept classique issu du suffrage) : vous
devez vous persuader que vous ne pouvez jamais être que
comme d'autres... Ainsi la question du lien et de sa nature
réapparaît : lien fusionnel d'absorption des singularités dans
un processus identitaire, ou lien comme condition de possibilité du détachement dans un processus d'identité singulière.
À travers la question de la laïcité, l'enjeu politique est
aujourd'hui de s'interroger sur l'actualité et la force du modèle
classique et sur sa capacité à se faire entendre dans le monde
contemporain, ce qui revient à se demander si les individus
peuvent et doivent encore être considérés comme des atomes
juridico-politiques irréductibles.

Les paradoxes de l'école. Espace public, espace civil, espace privé

La laïcité en France est fortement liée à l'institution de
l'école publique. C'est en effet dans le *Dictionnaire de pédagogie et d'instruction primaire* de Ferdinand Buisson que le
terme « laïcité » est présenté comme un néologisme nécessaire
tout particulièrement s'agissant de l'école laïque[1] primaire et
gratuite, instituée par loi Ferry du 28 mars 1882. Dans sa
célèbre *Lettre* adressée aux instituteurs en novembre 1883,
Jules Ferry rappelle le principe de laïcité et, l'appliquant
plus particulièrement à l'enseignement civique et moral, il
s'appuie sur une aporie qu'il présente comme apparente :

1. Voir *supra*, p. 35, note 1.

La loi du 28 mars se caractérise par deux dispositions qui se complètent sans se contredire : d'une part elle met en dehors du programme obligatoire l'enseignement de tout dogme particulier ; d'autre part elle y place au premier rang l'enseignement moral et civique[1].

L'aporie d'un enseignement à la fois laïque, civique et moral n'est qu'une des formes d'un dispositif aporétique plus vaste. Dans une association politique fondée sur le suffrage universel où la loi n'a pas le droit de parler de tout et où elle a particulièrement le devoir de mettre des bornes à l'autorité publique – et donc à sa propre extension –, si l'idée de la nécessité d'instruire les citoyens est soutenable (ce qu'il faut néanmoins expliquer), en revanche celle d'une école confiée à la puissance publique ne va pas de soi. Et à supposer qu'on puisse en établir la nécessité, reste encore à rendre compte du concept particulier de laïcité scolaire, lequel semble excéder la laïcité civile puisqu'il soumet les élèves eux-mêmes au principe d'abstention qui ne frappe partout ailleurs que la puissance publique et ses représentants[2].

a) *Pourquoi instruire le citoyen ? Pourquoi une école publique ?*

Dans ses *Cinq Mémoires sur l'instruction publique* et dans le *Rapport et projet de décret sur l'organisation générale de l'instruction publique*[3], Condorcet est le premier à avoir

---

1. J. Ferry, *Lettre aux instituteurs* 17 novembre 1883, dans *La laïcité*, édition et présentation H. Pena-Ruiz, Paris, GF-Flammarion, 2003, p. 200-206.

2. Telle est la lecture philosophique que nous proposons de la loi du 15 mars 2004 interdisant le port de signes religieux par les élèves dans l'enceinte des locaux scolaires. Cette disposition caractérise nettement le concept contemporain de la laïcité.

3. Le texte des *Cinq Mémoires* est de 1791, édition, présentation et notes C. Kintzler et C. Coutel, Paris, GF-Flammarion, 1994. Nous empruntons ici

articulé ces deux questions de sorte que la seconde soit la conséquence de la première. C'est pourquoi nous le suivrons dans l'exposé de ces deux difficultés. Le point de départ est la question majeure qui se pose à un peuple-législateur : comment peut-il éviter de devenir son propre tyran en s'obligeant lui-même par des décisions infondées ? La question connaît une formulation plus radicale : quelle que soit la nature de l'autorité, il n'est jamais légitime d'imposer des décisions fausses ou superflues. Qui pourra alors en juger ? Aucun recours ne s'offre à un peuple souverain devant une décision imbécile. Dans son immanence et son esseulement, la figure du peuple souverain est une figure laïque au sens initial du terme : livré à lui-même, le peuple, le « laos », n'a pas d'autre instance que ses propres lumières pour conserver sa liberté. On voit que cette figure coïncide avec celle de la pensée dans son activité critique : pour éviter l'erreur, nous n'avons rien d'autre que nos pensées. Il importe de souligner que la problématique de Condorcet n'est pas celle, dogmatique, de la vérité, mais celle, critique, de l'évitement de l'erreur.

Il faut donc instruire, et le choix du dispositif du savoir n'est pas indifférent pour la liberté, car il existe des modèles de savoir bornés et même aliénants. Seul le dispositif raisonné du savoir, recourant à l'argumentation et à l'expérience, tel qu'il est exposé dans l'*Encyclopédie* de Diderot et d'Alembert, est susceptible de mettre chacun en état de devenir son propre maître. La métamorphose de l'homme en citoyen ne repose pas sur l'abnégation, l'enthousiasme et la croyance en des « valeurs », mais sur un travail de reconquête de soi-même qui

quelques points, en les abrégeant, à cette présentation à laquelle nous renvoyons. *Rapport et projet de décret sur l'organisation générale de l'instruction publique* (1792), éd. G. Compayré, Paris, Hachette, 1883, rééd. avec notes de C. Coutel, Paris, Edilig, 1989. Voir aussi notre *Condorcet, l'instruction publique et la naissance du citoyen*, Paris, Gallimard, 2e éd. 1987.

suppose l'épreuve du doute et dont le modèle est le processus de la connaissance.

Si l'on peut conclure de cela que l'institution de l'école est nécessaire, il ne s'ensuit pas que l'école doive être *publique*. Pourquoi confier l'enseignement à la machine de l'État ? Parce qu'on ne peut pas s'en remettre ici au seul dynamisme de l'initiative privée, soumise aux aléas économiques et locaux, qui pourrait souvent assujettir l'enseignement à des fins idéologiques ou utilitaires particulières, sacrifiant ainsi des pans entiers du savoir. Un tel non-interventionnisme reviendrait à installer, sur un domaine fondamental, une *inégalité de principe* entre les citoyens[1].

Le défaut majeur de l'initiative privée vient de ce qu'elle raisonne uniquement en termes de volontés particulières ou de collections de volontés particulières (celle du village, de l'entreprise, de la communauté, de la région…) et demeure aveugle au citoyen tel que nous l'avons envisagé. Il ne suffit donc pas de s'adresser à tous de façon statistique ; il faut s'adresser à tous de façon universelle, c'est-à-dire à chacun : *il suffirait en effet qu'un seul citoyen soit négligé pour que le corps entier de la nation soit opprimé.*

Voilà pourquoi l'instruction relèvera du *politique*. Parce qu'elle est nécessaire à l'exercice de la souveraineté il appartient à la puissance publique d'en garantir l'homogénéité, le développement et la protection. Faisant partie des « combinaisons pour assurer la liberté »[2], elle sera une institution organique.

---

1. Ce modèle libéral propose un réseau *unique* d'enseignement au sein duquel les établissements sont concurrents ; or le choix de l'enseignement public installe une forme très différente de concurrence entre deux réseaux.

2. *Quatrième Mémoire*, *op. cit.*, p. 235.

Mais le choix de l'institution organique pose à son tour deux problèmes.

Le premier est celui de la *machination* : et si à travers l'école publique l'État ne faisait rien d'autre qu'assurer son propre pouvoir et répandre une idéologie officielle ? C'est en protégeant l'instruction par *la loi* qu'on pourra la rendre indépendante *des pouvoirs*. Il faut donc mettre l'instruction à l'abri des groupes de pression, y compris celui que forme le gouvernement de la République. Les mesures déployées à cet effet par le texte des *Cinq Mémoires* sont nombreuses et souvent drastiques. Ce n'est pas le lieu de les détailler ici [1], nous les rappellerons sommairement : pédagogie interdisant le recours à autre chose qu'à la raison et à l'expérience, procédures de recrutement des maîtres privilégiant leurs compétences disciplinaires (et non leur aptitude sociale et leurs qualités psychologiques), indépendance de ceux-ci une fois recrutés, responsables individuellement devant la loi.

Le second nous intéresse davantage, en ce qu'il nous ramène à la racine des rapports entre institution scolaire et corps politique, et parce qu'il engage une conception nuancée de ce qu'est un organisme public. Même si toutes les précautions sont prises, même si les citoyens sont à l'abri du pouvoir des maîtres et les maîtres à l'abri du pouvoir des volontés particulières, même si on s'assure que les plus compétents sont recrutés, la machine de l'instruction publique pourrait sombrer dans une médiocrité générale. À ce risque naturel d'essoufflement et d'érosion, seule une parade externe peut remédier : c'est l'existence d'une concurrence. L'aiguillon de la compétition est absolument nécessaire vu la nature de l'objet considéré : le savoir ne se développe et ne se transmet bien que si l'émulation est sollicitée. Condorcet en déduit tout naturel-

---

1. Pour plus de détails, voir les ouvrages cités *supra*, p. 48, note 3.

lement la nécessité du maintien des écoles privées (également nécessaires pour assurer aux citoyens la liberté de donner l'éducation de leur choix à leurs enfants). Il faut que la concurrence joue, non pas entre les établissements du réseau public (ce qui reviendrait à le convertir en modèle civil libéral et donc à le détruire) mais entre deux réseaux distincts d'institutions scolaires[1].

Le cas de l'école publique, institution liée à l'essence même de la cité, mais à laquelle une situation de monopole serait contraire, invite à distinguer plusieurs catégories dans les organismes liés à la puissance publique.

Certaines institutions organiques doivent fonctionner en monopole. Elles assurent la sauvegarde des droits de l'homme, et leur nature est telle qu'un développement libre de leurs fonctions serait nuisible aux droits qu'elles doivent garantir; il faut donc en assurer le monopole public : justice, armée, police, enregistrement des actes, monnaie. D'autres, tout aussi nécessaires aux droits et relevant comme les précédentes d'un devoir de la puissance publique, ont une nature telle qu'un fonctionnement en monopole serait contraire à l'exercice des droits qu'elles assurent. Il faut laisser des établissements privés se développer parallèlement à ceux institués par la puissance publique. L'instruction est exemplaire de cette catégorie; on peut aujourd'hui citer les établissements hospitaliers, les bibliothèques, les musées. L'homogénéité de l'ensemble est maintenue par le monopole public du contrôle (par exemple collation des grades). Enfin cela suggère un troisième type d'établissement, non organiques mais d'utilité publique; rece-

1. «Tout citoyen pouvant former librement des établissements d'instruction, il en résulte pour les écoles nationales l'invincible nécessité de se tenir au moins au niveau de ces institutions privées». *Rapport et projet de décret sur l'organisation générale de l'instruction publique*, *op. cit.*, p. 65-66.

vant l'aide de la puissance publique pour des motifs particuliers, l'État s'y conduit comme un partenaire (fondations,
entreprises à participation publique, installations sportives ou
culturelles).

On voit donc que, loin d'exiger l'exclusivité de l'enseignement public, la laïcité scolaire suppose au contraire l'existence
d'un réseau privé d'enseignement comme double condition du
fonctionnement du réseau public : elle en garantit la bonne
santé épistémologique et elle assure aux citoyens la liberté
dans le choix de l'éducation à donner à leurs enfants[1].

  b) *L'école est-elle un « service » ?*
  Le moment philosophique de la laïcité scolaire

Le dernier paradoxe de l'institution scolaire va nous
obliger à affiner la théorie de la laïcité en complétant l'arti-
culation simple entre « sphère publique » et « sphère privée »
que partagent tolérance et laïcité. Il va en outre nous conduire,
au-delà du domaine strictement politique, vers une réflexion
philosophique sur les rapports de la pensée avec elle-même.

Si l'association politique est laïque dans son principe, il
est aisé de comprendre que la laïcité s'applique à l'école
dans la mesure où celle-ci est un organisme relevant de la
puissance publique : les maîtres devront s'abstenir d'exercer
une influence doctrinale sur les élèves ou de leur imposer une
option engageant la croyance ou l'incroyance. Tel est le sens
de la célèbre *Lettre* de Jules Ferry. Telle fut, un siècle plus tôt,
la thèse de Condorcet dans les *Cinq Mémoires...*

Le devoir d'abstention ou de réserve en matière religieuse
et d'incroyance qui frappe la puissance publique s'énonce et se

---

1. À l'objection prétendant que le choix de l'enseignement privé pourrait
livrer les enfants au sectarisme, on répondra que le monopole public des
programmes et diplômes nationaux permet d'éviter l'endoctrinement exclusif.

justifie, nous l'avons vu, du point de vue de la production du droit. Mais il ne s'applique nullement à l'espace de jouissance du droit, bien au contraire puisqu'il est précisément fait pour le libérer. Les citoyens peuvent manifester pleinement leurs options, pourvu que ces manifestations ne contreviennent pas au droit commun. S'agissant de l'école, on comprend donc que le principe de réserve s'applique aux maîtres, personnels d'État. Mais la question se pose au sujet des élèves : sont-ils à l'égard de l'école dans une situation analogue à celle d'une personne quelconque à l'égard d'un organisme public ? Cela revient à se demander si le rapport maître/élève est comparable au rapport employé/administré, policier/citoyen, etc., si l'école est un « service » au sens courant du terme. On peut poser la question en termes d'espace : l'espace scolaire est-il un espace civil de jouissance ordinaire du droit ? La récente législation apporte une réponse nette : non, l'école n'est pas un espace de simple jouissance du droit, les élèves y sont astreints à une réserve qu'ils n'ont pas à observer dans l'espace civil ordinaire[1]. Comment expliquer cela ?

L'argumentation doit dépasser le domaine formel. Il faut cependant brièvement le rappeler. L'école publique met les élèves en présence de camarades qu'ils n'ont pas choisis. On n'a donc pas le droit de leur imposer une manifestation religieuse ou politique même si on les tolère toutes. Car alors on ne prendrait en compte qu'une totalité actuelle, négligeant celles qui pourraient exister. Et de toute façon on oublierait nécessairement une partie des incroyants, qui ne professent aucune profession de foi. La laïcité scolaire ne consiste pas à

---

1. Loi du 15 mars 2004 proscrivant le port de signes religieux à l'école primaire et secondaire (champ de l'instruction obligatoire). On trouvera le rapport de la « Commission Stasi » qui a préparé la loi sur le site : http://www.ladocumentationfrancaise.fr.

faire défiler les groupes de pression devant les élèves. D'une manière générale, personne ne doit pouvoir se plaindre en mettant son enfant à l'école publique que celui-ci a été contraint de subir une manifestation qu'il désapprouve par ailleurs. Dans l'espace civil, il en va tout autrement puisqu'on est libre d'aller ailleurs. En outre, les élèves sont pour la plupart des mineurs ou côtoient nécessairement des mineurs : leur jugement n'étant pas formé, comment pourraient-ils jouir d'une liberté dont ils ne sont pas les auteurs ?

C'est ici que l'argumentation reprend un tour philosophique en rejoignant le paradoxe général de l'éducation : il y a des conditions non-spontanées de constitution de la liberté. Autre manière de dire que la liberté est toujours *seconde. Les élèves présents à l'école ne sont pas des libertés constituées* (comme c'est le cas des citoyens dans l'espace civil), mais *des libertés en voie de constitution.* L'école est une institution productrice de la liberté : on n'y vient pas pour consommer, ni même pour jouir de son droit mais pour s'autoconstituer comme *sujet.*

On dira que l'école ainsi conçue fait partie de l'espace producteur du droit, non au sens d'un espace législateur, mais en un sens encore plus originaire : un espace fondateur rendant possibles les sujets mêmes qui s'efforcent de faire coexister leurs libertés. En ce sens, l'école n'est pas seulement une institution de droit, mais une institution philosophique. On s'y instruit des éléments selon la raison et l'expérience, afin d'acquérir force et puissance, celles qui font qu'on devient l'auteur de ses pensées et de ses actions, en libérant chacun du recours à une autorité extérieure. Cette saisie critique du pouvoir que chacun détient s'effectue par un détour consistant à se soustraire aux forces qui font obstacle à la conquête de l'autonomie et qui s'imposent comme une évidence : l'opinion, la demande d'adaptation, les données sociales. Le détour n'est autre que celui des savoirs formant l'humaine encyclopédie – laquelle comprend sans doute les religions, mais en tant que *pensées et mythologies* et non en tant que croyances et ciments sociaux.

Le savoir dont on s'instruit à l'école ne s'acquiert pas comme on vient chercher un papier au guichet. Sa nature critique relève de l'autoconstruction de l'autorité. Cela demande un moment de retrait, où s'exerce le sérieux contemplatif, une forme de recueillement que partagent enfants et adultes. Ce moment est celui où s'expérimente de la façon la plus forte la liberté, c'est une figure concrète de la liberté. Un enfant qui a compris, après s'être trompé et avoir fait le deuil d'une fausse certitude, pourquoi deux et deux font quatre, comment fonctionne une retenue dans une soustraction, pourquoi tel participe passé ne s'accorde pas, pourquoi il y a des saisons, fait l'expérience de la souveraineté absolue, car rien ni personne ne lui dicte ce qu'il pense. Et en même temps, au cœur de cette séparation radicale il voit que l'autre, son semblable, est celui qui comme lui est capable de cette opération, c'est le sujet de la liberté. Il est au-delà de son petit groupe de « potes »; au-delà de tout groupe ou rassemblement réel. Se forme alors, dans l'espace de la *classe*, l'idée d'une république des lettres, paradigme de l'humanité.

Cette expérience immanente et fragile de la liberté, cette constitution du vrai perpétuellement hantée d'inquiétude, cette institution de soi-même dans la division et la révision intellectuelle, cette capacité à rompre avec soi-même, toute une tradition philosophique peut être invoquée pour les penser[1], mais nul ne l'a mieux reliée au paradigme scolaire

1. Depuis les dialogues de Platon jusqu'au doute cartésien et aux *Propos* d'Alain sur l'éducation.

que Gaston Bachelard, dans sa théorie d'une psychologie de la connaissance, d'une psychologie dépsychologisée [1].

Avec la question de l'école, nous sommes passés à un domaine relevant de la philosophie fondamentale, supposant une théorie première de la liberté et du sujet. Cela se caractérise par une position de la pensée en relation à elle-même, *une façon que la pensée a de se penser* : une position réflexive ou encore une position critique.

Une façon de concevoir la culture : laïcité et humanités

Le concept de *position critique* qui vient d'être abordé ouvre la voie pour aller plus loin et introduire une réflexion sur le rapport entre la laïcité et les humanités : c'est une façon de concevoir la culture et sa formation.

J'appelle *position critique* la position qu'occupe la pensée lorsqu'elle se rend compte de son immanence à elle-même, lorsqu'elle prend conscience qu'elle n'a à sa disposition que ses propres forces pour construire une proposition ou une idée : celles-ci ne peuvent jamais nous être données et surtout jamais être validées par une instance extérieure.

Pour savoir si une pièce de monnaie est fausse, nous pouvons la comparer avec une pièce de monnaie que nous « savons » d'avance être « vraie ». Mais pour savoir ce qu'est une idée vraie, nous ne pouvons pas la comparer avec « la » vérité qui serait déposée quelque part : il faut élaborer l'idée, la comparer avec d'autres, faire des hypothèses et les tester… et surtout il faut se tromper. Un élève qui trouve le « bon » résultat à un problème de maths en recopiant la solution sur un corrigé n'a rien compris, rien effectué, il ne s'est rien appro-

---

1. Voir sa communication au VIe Congrès d'Éducation morale de Cracovie, en 1934, intitulée « Valeur morale de la culture scientifique » dans D. Gil, *Bachelard et la culture scientifique*, Paris, PUF, 1993.

prié; pour lui, « vrai » et « faux » ne sont que des choses extérieures à sa pensée et exclusives l'une de l'autre. Au contraire, celui qui a tenté d'effectuer le problème et qui s'est trompé est prêt à le réeffectuer de manière non pas à « trouver » la solution mais à la construire. Le vrai n'est pas alors le contraire du faux, il n'existerait pas sans l'erreur : c'est une erreur rectifiée. Autre exemple : on ne sait pas vraiment une règle de grammaire avant de l'avoir appliquée de travers. C'est le moment d'inadéquation et de non-compréhension qui va faire que je la comprends et que je vais m'en souvenir. Ainsi, on comprend quand on comprend pourquoi on n'avait pas compris.

Cette expérience est à la fois lumineuse et traumatisante. On y découvre que les idées ne sont pas des choses ou des états, mais des forces demandant à être effectuées. On y découvre que la pensée ne consiste pas à agencer et à combiner des idées comme des pièces de puzzle, mais à les construire. La pensée s'apparaît à elle-même (réflexivement) comme un foyer de production, et ce foyer ne doit son existence qu'à lui-même : personne ne l'a allumé de l'extérieur. Alors, dans cette saisie réflexive de sa propre immanence, la pensée saisit sa solitude et sa fragilité. C'est pourquoi la figure du *doute* hante constamment la philosophie, elle qui s'intéresse d'abord à la pensée de la pensée.

Pourquoi ce détour par la connaissance et quel rapport avec notre sujet ? On a vu que la laïcité suppose l'immanence du politique et qu'elle engage une conception de la liberté. Cette conception de la liberté se caractérise par une institution de soi-même qui passe par l'expérience conjointe de la force et de la fragilité, de la rupture et de la réconciliation avec soi-même. En développant cet aspect, nous rencontrerons la question de la tolérance.

a) *Antithétique et dialectique du doute*

Les figures du doute serviront ici de fil conducteur. Alors que la tolérance repose sur une antithétique du doute, la laïcité implique une dialectique du doute dont on peut déduire une conception de la culture.

Être tolérant, c'est une façon d'exercer le doute, en donnant de l'espace à une pluralité de positions et en admettant le principe de la contingence des croyances. Plus vulgairement, la figure du « tolérant » se présente aujourd'hui volontiers comme un point de vue qui considère toutes les positions comme équivalentes : on peut penser ce qu'on veut... Certes, mais de quelle sorte de doute s'agit-il ? Le détour que nous venons d'effectuer permet de distinguer deux façons de douter : le doute de fluctuation, qui connaît lui-même deux variantes, et le doute d'embarras, ou doute critique.

Comme son nom l'indique, le doute de fluctuation désigne un moment de déstabilisation où l'on hésite entre différentes positions, lesquelles apparaissent toutes vraisemblables. Cette forme naturelle du doute est un doute d'opinion, celui qu'éprouve une pensée immédiate. Bien qu'il subisse le traumatisme critique en perdant le sentiment d'évidence, il ne consent pas à s'élever à la *position* critique : il subit la crise sans s'en saisir, et reste crispé sur une sorte de nostalgie du moment précritique, moment où on ne doutait pas et que le flottement vient ébranler.

En effet, sous cette première forme, le doute de fluctuation ne doute pas qu'il n'y ait quelque part une « bonne position » capable de rétablir la quiétude du moment immédiat en retrouvant le sentiment d'évidence. Le vrai ne lui apparaît que sous forme d'extériorité : on serait « dans le vrai » non seulement quand on ne doute pas (ou quand on ne doute plus) mais surtout en disjonction totale avec le doute – soit qu'on n'y entre pas, soit qu'on en sorte. Le vrai n'est pas alors pensé comme produit par l'exercice du doute, de la négativité, de l'erreur, ou encore comme réflexivité. Il n'y a pas de relation pensée entre le doute et la certitude.

L'appel naïf à l'opinion droite qui rétablirait un état précritique fait de la pensée un simple pouvoir de reconnaissance du vrai et du faux, et non un pouvoir de constitution dialectique de la vérité et de l'erreur[1]. Cette forme naïve constitue ce que j'appellerai la thèse d'une antithétique du doute : « il faut croire à l'existence donnée d'une vérité ». La crise est cultivée de manière régressive.

Le doute de fluctuation connaît une seconde forme, l'antithèse de l'antithétique du doute : « rien n'est croyable, toutes les croyances se valent, tout est relatif. ». C'est l'idée, issue également du traumatisme critique, selon laquelle la crise ne se dénoue pas et ne débouche sur rien : il n'y aurait aucune position valide en dehors de la fluctuation elle-même. Puisque la quiétude précritique est définitivement abolie, on s'installe dans la crise en déclarant qu'il n'y a rien de stable, que le vrai n'est qu'une question de choix, de préférence subjective (« à chacun sa vérité »). De ce point de vue « toutes les opinions se valent », les positions se juxtaposent sans se hiérarchiser, mais aussi sans se pénétrer et sans s'enrichir. On reconnaît bien sûr la *misologie*[2], haine du raisonnement et haine de la pensée. Chacun pense ce qu'il veut, il y a un droit absolu à camper sur ce qu'on pense – la pensée étant alors non

---

1. Le concept philosophique de *dialogue*, de rapport polémique de la pensée avec elle-même lui est étranger, car il ne faut pas confondre la circulation des idées, laquelle est extérieure, avec la réfutation de la pensée par elle-même caractéristique du dialogue, laquelle est toujours un mouvement intérieur. Voir Platon, *Théétète*, 189e-190a.

2. Voir Platon, *Phédon*, 89d-90d.

pas une production critique, mais une faculté de choix et d'agencement. La crise est cultivée de manière statique.

De ces deux variantes du doute de fluctuation, qui toutes deux sont violentes[1], la seconde peut s'affubler plus volontiers du nom de *tolérance*, mais elles sont en réalité symétriques et jumelles, installées sur le même terrain non critique. Le doute de fluctuation se fixe à l'un des moments de la crise, qu'il transforme en antithétique : ou bien il y a certitude sans doute, ou bien il y a doute sans certitude.

Le doute d'embarras ou doute socratique dépasse l'antithétique et pense la certitude comme constituée par le parcours critique et non comme une chose offerte qui serait totalement disjointe de la crise au motif qu'elle la résout. Alain dit de Descartes : « il ne douterait pas s'il n'était aussi sûr ». Ce doute conditionne la connaissance et fait de la non-compréhension, du moment d'énigme, d'étrangeté, de négativité, la clé même de l'intelligibilité. Il faut douter que deux angles opposés par le sommet soient égaux pour penser leur égalité, c'est-à-dire pour penser à l'établir par voie argumentative, et non pour se contenter de la constater : ce doute n'a rien d'extérieur à la pensée, il est la pensée même qui s'éprouve en dialoguant avec elle-même, en se divisant pour pouvoir mieux se trouver. La certitude ainsi obtenue n'est pas une certitude de régression, mais une idée nouvelle qui dépasse et explique les autres, ce qui ne l'empêchera pas à son tour d'être éventuellement remise en question et dépassée par un moment explicatif plus fort.

---

1. En effet ces positions encouragent, l'une la crispation sur une liberté abstraite consistant à « tenir à son opinion », non parce qu'on la pense mais simplement parce qu'on l'a, l'autre l'illusion qu'on peut être maître des pensées en se tenant superbement à l'extérieur de toute pensée, « de peur de rencontrer quelque idée qui ait une odeur de vérité » (Spinoza, *Traité de la Réforme de l'entendement*, § 47).

À une culture en antinomie de la crise, le doute d'embarras critique oppose une culture progressive et dialectique de la crise : la connaissance est possible précisément par la rupture et le doute ouverts par la crise.

Or l'usage courant qui est fait aujourd'hui du terme *tolérance* renvoie à une antithétique du doute et de la certitude. Cet usage banal et réducteur n'est pas sans rapport avec la constitution du concept de tolérance telle qu'on l'a décrite dans la première partie de cet essai : on a vu en effet qu'il s'agit d'un concept formé par un procédé d'énumération de réels. Au-delà d'un enjeu juridico-politique, il y a là un enjeu dans l'éducation et la formation de la pensée.

Car lorsque nous voulons initier nos enfants à la tolérance nous risquons de leur inculquer cette forme simpliste, bien-pensante et non critique. En leur faisant rabâcher que toutes les opinions sont respectables et qu'on peut penser ce qu'on veut, nous risquons fort de les paralyser par une antithétique du doute et de la certitude. Une telle sacralisation de l'opinion verrouille la dialectique de la pensée et n'a pas d'autre issue que la violence. La thèse sous-jacente étant qu'une opinion est respectable du seul fait qu'elle existe, on en conclut bientôt que le respect consiste à écarter tout examen critique comme injurieux : alors on n'a que faire de la pensée et puisque les raisons n'ont aucune pertinence, seules valent les « valeurs » simplement posées comme des actes de foi. Il ne s'agit plus que de poser ces différentes « valeurs » et croyances dans une juxtaposition où chacun, chaque groupe, s'identifie à lui-même et campe sur son propre espace : le moindre contact, dès qu'il sort de l'indifférence ou de la curiosité polie, ne peut alors être qu'un affrontement.

La position laïque en revanche, ne pouvant s'inscrire ailleurs que dans l'espace critique, est par définition affranchie de l'antithétique du doute : c'est ce qui fait en partie sa force mais aussi sa faiblesse. Elle ne peut s'enseigner comme une évidence, car sa forme doxographique (ce que certains appellent l'«intégrisme» laïque [1]) est tellement contradictoire et si ouvertement liberticide que seul un discours dogmatique peut la soutenir. Son enseignement suppose nécessairement une formation à la pensée réflexive et critique : elle est dépendante d'une façon de concevoir les rapports de la pensée avec ses propres productions. Que cet espace critique soit abandonné ou ébranlé, et le concept de laïcité s'en trouverait affecté.

Cette position critique de la pensée en tant que modalité de l'éducation n'a pas été inventée par la laïcité : elle lui préexiste sous la forme de ce qu'on a appelé *les humanités*. La laïcité a fortement contribué à en moderniser le concept, et la question des humanités se pose aujourd'hui de nouveau à la faveur de la place de l'objet religieux dans l'enseignement en particulier et dans la pensée contemporaine en général.

b) *La question des humanités et le retour du théologico-politique*

Les humanités au sens classique du terme désignent non seulement un ensemble de disciplines, par elles-mêmes critiques, mais surtout une position face au savoir constitué : en s'appropriant les œuvres et l'histoire, la pensée ne s'approprie pas seulement des objets, mais elle se saisit elle-même comme condition de production de ces objets. Ceci n'est pas nécessairement lié (comme on le croit souvent pour les récuser au prétexte d'archaïsme) à l'enseignement des langues anciennes et de la littérature, mais historiquement c'est à travers ces enseignements que la position critique s'est développée et perpétuée – nul doute cependant que les disciplines scientifi-

---

1. Voir *supra*, p. 35.

ques en soient porteuses. Fondées sur le principe de la singularité des œuvres, de celle des auteurs, et sur la nécessité de l'écart critique à construire par chacun pour se les approprier et en jouir, les humanités installent chaque esprit dans la distance avec lui-même et avec ses propres certitudes. En ce sens, elles ont une sorte de pouvoir dissolvant car elles supposent avant tout une forme d'étrangeté des objets du savoir, ou plutôt elles reposent sur l'idée qu'on ne pense jamais mieux que lorsqu'on s'éloigne de ce qui vous est familier. En faisant du passage par une langue que personne ne parle (la langue littéraire, celle des poètes) un passage obligé, elles font de l'exotisme un principe d'enseignement. La disposition au lointain, au fictif et à l'abstrait leur est consubstantielle, non pas sous forme d'évasion mais bien sous forme opératoire, ici et maintenant, mettant chaque esprit en demeure de rompre avec lui-même et de se constituer sur le deuil de ses certitudes familières – on voit bien alors que les sciences, par leur nature même et pourvu qu'elles soient abordées dans leur aspect libéral (et non réduites à leur utilité) y ont leur place de plein droit.

À partir d'un tel dispositif, les religions ne peuvent pas apparaître uniquement comme des « faits de société », comme des données sociales appréhendées sous le régime de l'appartenance, de la coalition. Faire choix de privilégier les auteurs plutôt que les ethnies, les œuvres plutôt que les mentalités, les singularités plutôt que les faits sociaux ou la dimension identitaire et collective, et, s'agissant des religions, choisir de *commencer par celles auxquelles on ne croit plus*, montrer que les religions sont des objets de pensée en tant qu'elles sont *d'abord des mythologies*, c'est s'inscrire dans une conception individualiste et soustractive du savoir qui relativise et éloigne le tissu social et ses demandes d'identification à une collectivité. Dans un tel dispositif, tout élève est convié à une excursion qui nécessairement fait vaciller son « identité collective » au profit de son identité de sujet, et conséquemment l'appartenance à laquelle il n'est plus prié de s'en tenir.

Or c'est précisément ce dispositif d'écart, de mise en perspective, qui est ouvertement remis en cause par l'introduction récente de l'enseignement du « fait religieux » fondé cette fois, non sur le moment littéraire et critique (comme il l'est dans le cadre des humanités, à travers des œuvres et des textes), mais sur une acceptation non critique du moment coalisant et de l'universalité des appartenances comme données sociales incontournables. L'idée principale en est simple : le phénomène religieux, universellement répandu, peut et doit être abordé par l'enseignement laïque en tant que « fait social » qui habite toute collectivité. Voilà qui vient soutenir cette forme fondamentale de religion qu'est la croyance en la sacralité du lien social. Dans cette affaire, il ne s'agit pas tant de compléter les humanités que d'y suppléer.

À célébrer ainsi le fait religieux comme fait social total affectant les mentalités collectives, à accorder la primauté à l'existence de communautés, on invite et on accoutume chacun à s'y inscrire. Au lieu de promouvoir chacun comme substance et comme sujet, l'opération recèle une réprobation implicite de ce qui s'extrait de la substance commune. Pire, une telle extraction est *ipso facto* discréditée : comment peut-on être assez naïf pour vouloir échapper à un « fait de société » ?

Cet exemple est symptomatique d'un mouvement plus général. Une politique inquiète devant tout ce qui pourrait trouer le lien social, qui a renoncé à le dissocier du lien politique ou qui ne soupçonne même pas la possibilité d'une telle dissociation, s'empresse de le présenter comme la forme fondamentale de tout rassemblement humain, au prétexte qu'il en est la forme originaire. À cet effet, rien de tel que l'imposition d'une religion dominante dont nous voyons les progrès tous les jours. Ce n'est pas qu'il faille avoir une religion plutôt qu'une autre, ce n'est pas non plus qu'il faille avoir une religion plutôt qu'aucune. Non : la présence de *l'effet religieux* piège désormais toute pensée, tout geste qui se prétend politique. Pensez ce que vous voulez, faites ce que vous voulez, *pourvu que cela fasse lien* (version dure équivalente à ce qu'était autrefois l'imposition d'une religion d'État) ou du moins *pourvu que cela ne soit pas moralement contraire au lien* (version douce qui correspond à la tolérance) : croyez à quelque chose qui vous rassemble, ou plutôt croyez que le rassemblement ne s'effectue que par la croyance – tel est le dogme de la nouvelle religion, celle qui veut qu'on s'incline devant la forme religieuse.

Dans cette configuration, bien qu'il soit permis de ne croire à aucune religion en tant qu'elle a un contenu, il est exclu qu'on échappe à la *forme du religieux*, exclu qu'on s'avise d'être *incroyant sur la question du lien* et sur la nécessité de la liaison. Profondément indifférente à leur valeur qu'elle se garde bien de juger, ne les considérant que comme des exemples empiriques particuliers, la religion dominante évacue les contenus des religions ou les égalise, mais c'est pour mieux rester intraitable sur la forme.

Voilà le point où le principe de laïcité est ouvertement contredit. Car cette forme, fondement de toute religion, atteint le moment civil du religieux. Qu'on s'avise de le nommer, et alors *le nom de « dieu » devient politiquement licite* – nom sur lequel la République française a toujours fait silence, mais par lequel d'autres pays nomment le fondement de toute coexistence. On voit alors une fois de plus que la laïcité n'a pas de pire ennemi que la religion civile, celle-ci n'ayant pas d'autre contenu que la forme du religieux.

L'effet religieux est désormais présenté, au prétexte que les religions sont partout répandues, comme le modèle en dehors duquel toute association apparaîtra bientôt comme impossible ou vaine : il deviendra bientôt impensable qu'une cité puisse avoir pour fondement autre chose que la sacralisation d'un lien, autre chose que des « valeurs communes ». Il deviendra impensable qu'on puisse s'associer pour se soustraire à toute appartenance. La figure classique du théologico-politique, subreption du politique par la religion, est surclassée, dépassée par sa projection formaliste et totale : la subreption du politique par le religieux.

Ainsi la question du modèle politique revient. La laïcité développe la forme minimale du modèle classique qui ne retient, pour la formation de l'association politique, que des atomes. Ce modèle a souvent pris la forme du contrat, mais la laïcité propose un mode de formation politique qui peut en faire l'économie. Un autre modèle tente de s'imposer aujourd'hui. Il est à la pensée du théologico-politique ce que la laïcité est au modèle classique : une version épurée et extrême. Il ne s'agit pas en effet d'un retour à la pensée religieuse comme fondement de l'association politique, mais plus profondément d'une référence à ce qui fait l'essentiel de la pensée politico-religieuse : l'idée que le lien doit unir des personnes qui ont une foi commune (sans préjuger de la nature de l'objet de cette foi), l'idée que sans foi la loi n'est pas assurée, ou bien l'idée que la loi elle-même doit être un objet de foi (religion civile). Cette liaison, en tant qu'elle est considérée comme indépassable, trouve sa forme archétype précisément dans *le fait religieux*. La pensée politique est alors subordonnée, non pas à tel ou tel fait religieux, mais à la *forme* de ce qui constitue un fait religieux : la forme sacralisée du *lien comme apparte-nance*. Nous avons dans cet essai tenté de montrer que la laïcité échappe à ce modèle ou plutôt en fait l'économie, parce qu'elle ne suppose pas de liaison préalable au lien politique et parce que le lien politique ainsi pensé, à la manière d'une classe paradoxale, assure l'indépendance maximale de ses éléments en même temps qu'il les unit : c'est la réalisation d'un « peuple de démons ».

TEXTES ET COMMENTAIRES

TEXTES ET COMMENTAIRES

TEXTE 1

JOHN LOCKE (1632-1704)
Lettre sur la tolérance (1689) *

[La séparation du pouvoir civil et de l'autorité
ecclésiastique]

[…] je crois qu'il faut avant tout distinguer ce qui regarde
le gouvernement civil et ce qui appartient à la religion, et
marquer les justes bornes qui séparent les droits de l'un et ceux
de l'autre. Sans cela, il n'y aura jamais de fin aux disputes qui
s'élèveront entre ceux qui s'intéressent, ou qui prétendent
s'intéresser, d'un côté au salut des âmes, et de l'autre au bien
de l'État.

À mes yeux l'État est une société d'hommes instituée à
seule fin de conserver et de promouvoir leurs biens civils.

J'appelle biens civils la vie, la liberté, l'intégrité et la
sauvegarde du corps; la possession des biens extérieurs, tels

* Trad fr. J. Le Clerc, revue par C. Kintzler. Trois éditions de référence :
1) Texte latin, trad. fr. et intro. R. Polin, Paris, PUF, 1965; 2) Trad. fr. J. Le
Clerc, notes, révision et postface P. Thierry, Paris, Les Mille et une nuits, 1998;
3) Trad. fr. J. Le Clerc, intro., biblio., chronologie et notes J.-F. Spitz, Paris, GF-
Flammarion, 1992. Je remercie J.-Cl. Milner pour ses conseils de traduction.

que les terres, l'argent, les meubles et autres choses de cette nature.

Le devoir du magistrat civil est d'assurer, par des lois imposées également à tous, à tout le peuple en général et à chacun de ses sujets en particulier, la possession légitime de toutes les choses qui regardent cette vie. Si quelqu'un veut violer les lois à l'encontre de ce qui est licite, sa témérité doit être réprimée par la crainte du châtiment, qui consiste à le dépouiller, en tout ou en partie, de ces biens ou intérêts civils, dont il aurait pu et même dû jouir sans cela. Mais comme il n'y a personne qui souffre volontiers d'être privé d'une partie de ses biens, et encore moins de sa liberté ou de sa vie, c'est aussi pour cette raison que le magistrat est armé de la force réunie de tous ses sujets, afin de punir ceux qui violent les droits des autres.

Les arguments suivants me semblent démontrer que toute la juridiction du magistrat regarde seulement ces biens temporels, et que tout droit et toute souveraineté du pouvoir civil sont bornés à l'unique soin de les maintenir et de les promouvoir, sans pouvoir ni devoir en aucune manière s'étendre au salut des âmes.

Premièrement, parce que le soin des âmes n'a pas plus été confié au magistrat civil qu'aux autres hommes. Ni par Dieu, car il n'apparaît nulle part qu'il ait attribué à certains hommes l'autorité de forcer les autres à embrasser leur religion. Ni par des hommes, qui ne peuvent donner un tel pouvoir au magistrat ; parce que personne ne peut ainsi abandonner le soin de son salut éternel de sorte qu'un autre, prince ou sujet, lui prescrive la foi ou le culte qu'il doit embrasser ; et parce que personne, même s'il le voulait, ne peut croire sur la prescription d'autrui. Car la force et l'efficace de la vraie religion porteuse de salut consistent dans la foi. Quoi que l'on professe, à quelque culte extérieur que l'on se joigne, si l'on n'est pas intérieurement convaincu que ces dogmes sont vrais et que ce culte est agréable à Dieu, non seulement cela ne contribue pas au salut, mais cela y fait obstacle. Car de cette façon, au lieu d'expier nos péchés par la religion, nous en commettons d'autres en leur ajoutant la simulation de la religion et le mépris de la souveraineté divine, puisque alors nous rendons à Dieu tout puissant un culte dont nous pensons qu'il lui déplaît.

En second lieu, le soin des âmes ne saurait appartenir au magistrat civil, parce que son pouvoir tout entier consiste dans la contrainte. Cependant la vraie religion porteuse de salut consiste dans la persuasion intérieure de l'esprit sans laquelle rien ne vaut auprès de Dieu ; et la nature de notre entendement est telle qu'aucune force extérieure ne peut le contraindre. La confiscation des biens, la contrainte du corps par la prison et les supplices seront vaines si l'on veut ainsi modifier le jugement de l'esprit sur les choses.

On me dira que le magistrat peut se servir d'arguments pour faire entrer les hérétiques dans le chemin de la vérité, et leur procurer le salut. Soit, mais il a cela de commun avec tous les autres hommes. En instruisant, enseignant et corrigeant par la raison ceux qui sont dans l'erreur, il fait ce que tout honnête homme doit faire ; le magistrat n'est pas obligé de se dépouiller de la qualité d'homme ni de celle de chrétien. Mais une chose est de persuader, une autre d'ordonner, une chose est de s'efforcer d'arriver à ses fins par des arguments, une autre de le faire par des commandements : ceci relève du pouvoir civil, cela de la bienveillance humaine. Chacun a la mission d'avertir, d'exhorter, de détromper et d'amener à la connaissance de la vérité par des arguments. Mais il n'appartient qu'au magistrat d'ordonner par commandements et de contraindre par le glaive. Ce que je veux dire, c'est que le pouvoir civil ne doit pas prescrire par la loi des articles de foi ni des formes de culte divin ; en effet en l'absence de peines la force des lois périt ; et si on fixe des peines, elles sont évidemment vaines et bien peu propres à persuader. Si quelqu'un veut embrasser quelque dogme ou quelque culte pour sauver son âme, il faut qu'il croie de toute âme que ce dogme est vrai ou que ce culte recevra l'agrément de Dieu, mais aucune peine ne peut introduire une telle conviction dans l'âme. Il n'y a que la lumière qui puisse changer l'opinion de l'âme, lumière qui ne peut être produite en aucune façon par le supplice du corps.

En troisième lieu, le soin du salut des âmes ne saurait appartenir au magistrat civil, parce que même si la rigueur des lois et l'efficace des peines pouvaient convertir les esprits des hommes, cela ne servirait de rien pour le salut des âmes. Car comme la vraie religion est unique et qu'il n'y a qu'un seul chemin qui conduise au ciel, quelle espérance qu'un plus grand nombre y parvienne si leur état est tel que chacun est obligé de renoncer à ses propres lumières, de combattre le sentiment intérieur de sa conscience, d'embrasser aveuglément la foi de son prince et d'honorer Dieu selon les lois de son pays ? Il y a tant de diversité dans les opinions religieuses des princes qu'il faudrait que la voie stricte et la porte étroite pour aller au ciel soient ouvertes pour bien peu de gens et dans une seule région : et ce qui serait hautement absurde et indigne de Dieu, c'est que les hommes devraient leur félicité ou leur malheur éternels uniquement au hasard de leur naissance.

Ces raisons, entre autres celles que j'aurais pu alléguer ici, me paraissent suffisantes pour conclure que tout le pouvoir de l'État ne porte que sur les biens civils, qu'il se borne au soin des choses de ce monde, et qu'il ne doit pas se mêler de ce qui regarde la vie future.

Examinons à présent ce qu'est l'église. Il me semble que l'église est une société libre d'hommes qui se réunissent volontairement ensemble pour servir Dieu en public de la manière qu'ils jugent lui être agréable et propre à leur faire obtenir le salut.

Je dis que c'est une société libre et volontaire. Personne ne naît membre d'aucune église ; autrement, la religion du père et des aïeux passerait aux enfants par hérédité avec les biens fonciers et chacun tiendrait sa foi de sa naissance : on ne peut rien imaginer de plus absurde. Voici donc comment il faut concevoir la chose. Personne n'est par nature attaché à une certaine église ou à une certaine secte, mais chacun se joint volontairement à la société où il croit qu'on pratique la vraie religion et un culte agréable à Dieu. Comme l'espérance du salut a été la seule cause qui l'a fait entrer dans cette communion, c'est aussi par ce seul motif qu'il continue d'y demeurer. Car s'il découvre dans la suite quelque erreur dans sa doctrine ou quelque chose d'irrégulier dans le culte, c'est nécessairement la même liberté qu'il l'y a fait entrer qui lui indiquera la sortie ; en effet il ne saurait y avoir de liens indissolubles que ceux qui sont formés par l'attente assurée de la vie éternelle. Une église est donc un corps de membres unis volontairement pour arriver à cette fin. [...]

[L'exclusion des athées]

Enfin, ceux qui nient l'existence d'un Dieu ne peuvent en aucune façon être tolérés. En effet, de la part d'un athée, ni la promesse, ni le contrat, ni le serment – qui forment les liens de la société humaine – ne peuvent être quelque chose de stable et de sacré ; à tel point que, l'idée même de Dieu supprimée, tous ces liens sont ruinés. D'ailleurs, aucun droit à la tolérance ne peut être réclamé au nom de la religion par celui dont l'athéisme supprime toute religion.

COMMENTAIRE

DE LOCKE À BAYLE : POUVOIR CIVIL, AUTORITÉ RELIGIEUSE, FOI ET LOI

L'extrait de la *Lettre sur la tolérance* présenté ici est peut-être le texte le plus célèbre dans lequel est exposé avec une grande clarté le principe de la séparation entre le pouvoir civil et l'autorité religieuse, entre la nature de la société civile et celle des communautés de croyance. Cette clarté ne doit cependant occulter ni la grande subtilité ni la complexité du raisonnement de Locke.

De façon assez déroutante en effet pour un lecteur d'aujourd'hui, l'auteur suppose l'existence d'une religion unique et vraie et s'appuie sur cette hypothèse pour établir la tolérance de toutes les religions, invitant alors le lecteur à pousser la réflexion en amont sur la nature des motifs qui nous amènent à tenir quelque chose pour vrai. C'est indirectement par ce biais – et non de manière principielle comme on le croit souvent à tort[1] – qu'est introduite la question de la liberté de conscience. La force principale du texte, rejoignant en cela

---

1. Ce point est expliqué par J.-F. Spitz et par R. Polin dans leurs présentations du texte (respectivement GF, 1992, et PUF, 1965), auxquelles le présent commentaire doit beaucoup.

celle du *Second traité du gouvernement civil* publié en 1690 un an après la *Lettre*, vient de ce qu'il s'interroge *objectivement* sur la nature aussi bien de l'association politique que des églises. Un point de vue subjectif entièrement fondé sur l'idée d'une liberté de la conscience reviendrait effectivement à ériger le moment psychologique de la tolérance en absolu et ruinerait toute possibilité d'association politique en donnant à chacun l'argument inexpugnable de l'objection de conscience.

Cette force objective permet en outre à Locke de dégager et de traiter finement le champ problématique de l'interférence pratique entre les deux domaines ainsi séparés, ce qui l'amène entre autres à dresser une liste des cas exclus du bénéfice de la tolérance au nombre desquels figurent les catholiques et, de façon encore plus radicale, les athées. Là encore, une lecture peu scrupuleuse aurait vite fait de projeter sur le texte, au nom d'un prétendu archaïsme qu'il faudrait dénoncer, le soupçon d'idéologie et de le balayer d'un revers de main. Or ces exclusions, loin d'être des exceptions, sont au contraire parfaitement régulières et argumentées. Pour peu qu'on les prenne dans leur portée philosophique sans les réduire à des circonstances qui ne les épuisent pas, elles conduisent au cœur de la doctrine, tellement qu'une théorie ultérieure de la laïcité ne peut s'en détourner. Le mécanisme qui les autorise peut en effet s'analyser à la lumière d'un parallélisme entre société civile et société religieuse à la faveur duquel Locke pose de manière fondamentale la question de la relation entre *foi* et *loi*, entre la forme même de la croyance et la capacité à entrer dans l'association politique. Qu'il la tranche en faveur d'une indissolubilité ne doit pas nous aveugler et ne discrédite en rien la teneur de sa pensée : car pour la trancher, comme le fera la laïcité, en faveur d'une disjonction, il faut emprunter la route qu'il a tracée.

La séparation entre société civile et société religieuse : une thèse objective et politique

Le principe de séparation entre société civile et société religieuse, entre pouvoir civil et autorité ecclésiastique, traverse l'ensemble du texte dont il forme la clé de voûte. La netteté de la séparation ne repose pas sur l'argument subjectif de la liberté de conscience, mais elle suit de l'examen de la nature objective de chacun des deux domaines, de leurs objets, de leur finalité et de leurs moyens respectifs.

L'État (*respublica*), le pouvoir civil, s'étend sur les choses temporelles, « les biens de ce monde », « les choses qui regardent cette vie » – droits, biens, liberté. La théorie en sera complètement développée dans le *Second traité du gouvernement civil*. L'église (et on devrait même dire les églises), l'autorité ecclésiastique, s'étend de son côté sur les choses qui regardent « le salut des âmes » et le culte rendu à Dieu : par définition ses objets excèdent ce monde, cette vie, ils sont au-delà de l'expérience naturelle et historique ; en risquant un anachronisme on peut dire qu'ils échappent à ce que Kant désignera comme l'expérience réelle et possible.

Un point commun établit le parallélisme entre les deux domaines, tout en les disjoignant radicalement : c'est la notion de « salut », de sauvegarde ou de « soin » qui d'un côté comme de l'autre réunit les hommes en « société ». Sauvegarde de leurs biens d'ici-bas ou biens civils (vie, liberté, intégrité du corps, possessions), qui les rassemble en société politique ; soin de leur âme en vue du salut de celle-ci, qui les rassemble en communautés spirituelles où ils honorent Dieu en lui rendant le culte « dont ils croient qu'il lui est agréable ». Les deux types de société ainsi formés sont donc enracinés dans un désir analogue mais, portant sur des objets absolument différents dans leur relation à l'expérience, ils diffèrent absolument dans leur finalité et leurs moyens. C'est bien la nature de la chose à sauve-garder qui produit la bifurcation : chose accessible à une expérience qui peut s'effectuer ici et maintenant d'une part ; « chose » qui regarde un futur au-delà du temps et des « objets » à proprement parler métaphysiques de l'autre. Un certain flotte-ment pourrait nous gêner si nous désignions ces derniers par l'expression « biens de l'esprit » ou « biens spirituels », car d'immenses pans de la culture humaine et de la production de l'esprit font partie sans nul doute des « biens civils », étant des choses entièrement accessibles à l'expérience naturelle – con-naissances, arts, sciences, beaux-arts, philosophie. Par « soin des âmes » il faut donc ici entendre, non pas la culture de l'esprit par lui-même, mais bien *stricto sensu* le moment *métaphysique* du souci, celui qui conduit les hommes à la croyance religieuse.

La profonde différence de nature entre les objets et la finalité des deux types de rassemblement éclate de manière aveuglante dans les *moyens* auxquels ils peuvent recourir et surtout dans *l'efficacité de ces moyens*, de sorte que cette diffé-rence seconde reflue et sert de preuve, si on en voulait une, de la pertinence de la première. La preuve que la société civile et la société religieuse sont disjointes, c'est que lorsque l'une prétend utiliser les moyens de l'autre pour les appliquer à son objet, ou bien lorsqu'elle prétend s'approprier l'objet de l'autre par ses propres moyens, elle le fait en vain et en dépit de sa nature, de manière superflue. L'autorité civile a en partage la force de la loi et le droit pénal – moyens qui en dernière analyse recourent à une forme de contrainte sur le corps ; l'autorité religieuse a en partage la persuasion, l'exhortation et la seule peine qu'elle soit en droit de prononcer est l'exclusion de la communauté – la non-reconnaissance. La contrainte par corps en matière religieuse n'aura pour effet que l'hypocrisie extérieure, aucune contrainte physique ne pouvant s'exercer sur l'entendement, et cette pure conformité extérieure est directement contraire à la finalité visée : nuisible au salut de l'âme, elle ne peut en outre qu'être, du point de vue de celui qui s'y soumet, mais c'est précisément et seulement ce qui compte, que désagréable à Dieu. De l'autre côté, le pouvoir civil peut certes recourir à la persuasion et même, en tant que fidèle lui-même d'une religion[1], prêcher la bonne parole, mais il ne peut en la matière « contraindre par le glaive ».

Cette profonde inadéquation dans le brouillage des moyens est certes possible, on la voit même tous les jours : elle est au cœur de la persécution religieuse. Mais justement il appartient à l'analyse philosophique de la révéler comme inepte en la ramenant à l'impossibilité de son concept. Locke en usera de même pour souligner l'ineptie de la monarchie absolue et celle de la théorie du pouvoir patriarcal dans le *Second traité*. Ce que veut au fond toute autorité religieuse c'est persuader, chose qu'elle ne peut pas produire par voie de contrainte : elle ne le doit donc pas.

La double limitation des pouvoirs et le problème des « choses indifférentes »

Il résulte de cette analyse un principe de double abstention. Abstention de la part du pouvoir civil en ce qui touche les affaires religieuses. Abstention de la part du pouvoir des églises à l'égard des affaires civiles. Le magistrat n'a pas à imposer une croyance ou un culte par voie de contrainte – même s'il peut parler en faveur d'une religion. L'église n'a pas à faire la loi, à régler les conduites extérieures en tant qu'elles relèvent du pouvoir civil. Il n'est donc pas nécessaire

---

1. Ce qui n'est nullement exclu, et ce qui est même la règle puisque Locke n'envisage pas ici d'autre manière de prendre « soin de son âme ».

d'attendre les grands ténors de la laïcité en France à la fin du
XIXᵉ siècle pour construire une définition claire de ce qu'ils ont
appelé *le cléricalisme* : il consiste dans l'extension du pouvoir
religieux au pouvoir civil, c'est le moment juridique et civil
d'une religion qui s'érige comme telle en autorité politique.
Locke écrit, s'agissant des clercs :

> [...] quelle que soit l'origine de leur autorité, comme elle est
> ecclésiastique, elle doit s'exercer à l'intérieur des frontières de
> l'église et elle ne peut s'étendre en aucune façon aux affaires
> civiles, étant donné que l'église elle-même est absolument
> distincte et séparée de l'État et des affaires civiles. Les limites
> de l'un et de l'autre sont fixes et immobiles. Celui qui confond
> deux sociétés si différentes par leur origine, par leur fin, par leur
> objet, mélange les choses les plus diamétralement opposées, le
> ciel et la terre [1].

Cette séparation n'abolit pas les interférences entre les
deux domaines, mais elle les raréfie et surtout elle les éclaircit
en allant à leur racine – même si elle ne les résout pas toutes. La
clarification peut s'énoncer sous la forme d'une double limitation des pouvoirs et compétences dans chacune des deux
sphères. Aucune église ne peut se permettre d'offenser les
droits civils et les biens temporels de qui que ce soit, en
quelque nom que ce soit, en quelque lieu que ce soit y compris
en son sein ; seule l'autorité politique peut, pour des motifs
exclusivement civils et selon des lois explicites et préalables,
priver quelqu'un de sa liberté ou le frapper dans ses biens. Une
limitation symétrique touche l'autorité politique : n'ayant
aucune compétence en matière de conviction intime et bornée
à la seule sauvegarde des biens civils, elle ne peut pas de son
côté ordonner aux citoyens de tenir telle ou telle proposition
pour vraie et telle autre pour fausse ; bien davantage elle ne

---

1. *Lettre sur la tolérance*, trad. Polin, p. 31-32.

peut pas leur ordonner d'être vertueux, travailleurs, elle ne peut pas leur interdire d'être sournois ni les obliger à être charitables. Elle ne peut empêcher que les actions qui nuisent aux biens civils et au droit d'autrui et ne peut commander que celles qui leur sont directement nécessaires : par exemple il faut punir le faux témoignage mais une loi qui interdirait le mensonge en tant qu'il est un péché outrepasserait le champ de compétence de l'autorité publique.

Une telle double limitation, pour être expliquée dans la perspective de l'auteur, engage un détour par la théorie alors répandue des *choses indifférentes* que Locke avait suivie dans un premier temps[1], puis qu'il abandonne ou plus exactement qu'il retourne dans la *Lettre*.

Selon la théorie des « choses indifférentes »[2], les fidèles (et à l'époque il s'agit essentiellement des chrétiens) sont libres sur tout ce que le texte sacré ne règle pas expressément. Le reste est donc à leur discrétion. Voilà qui semble conforter la thèse de la séparation : le pouvoir civil peut et doit régler, parmi ces « choses indifférentes », celles qui regardent la sauvegarde des biens civils, sans outrepasser ce qui est nécessaire pour l'assurer. Il s'agit avant tout de repousser l'idée d'une liberté absolue accordée aux fidèles au sujet des « choses indifférentes », car une telle liberté conduirait à l'impossibilité de l'association politique. Mais une difficulté majeure surgit si on se penche sur l'établissement de ces « choses indifférentes » : car comment convaincre un pratiquant que telle ou telle chose qu'il croit à tort être nécessaire au culte lui est en réalité indifférente ? L'interprétation erronée du texte sacré est en fait bénéficiaire d'autant

1. Dans ses premiers écrits sur la tolérance. On lira sur ce point l'exposé très éclairant de J.-F. Spitz dans sa présentation de la *Lettre*, *op. cit.*, p. 42 *sq.*

2. Diffusée en 1660 par Ed. Bagshaw : voir sur ce point la présentation de J.-F. Spitz à la *Lettre sur la tolérance*.

de droits (et en tout cas elle a autant de force) que la lecture
« orthodoxe ». Si un fidèle est persuadé que la vaccination est
interdite par Dieu, que les femmes ne doivent porter aucune
parure, ou que des mutilations sont prescrites par Dieu, quel
pouvoir civil pourra lui démontrer le contraire ? La nature
intime de la foi se révèle ici et peut devenir un motif de ruine
de l'association politique au prétexte d'une « liberté de
conscience » inexpugnable. Et si l'autorité civile recourt à
l'autorité ecclésiastique pour convaincre ce fidèle, elle abandonne sa prérogative, elle contredit sa nature et abdique son
pouvoir sans pour autant obtenir l'effet recherché.

La *Lettre* sort de cette aporie en adoptant le point de vue
objectif que nous avons signalé. Que les églises et les fidèles
entre eux disputent des « choses indifférentes », c'est leur
affaire et cela ne regarde pas le pouvoir civil. La règle qui
permet d'apprécier et de fixer les agissements de ce dernier est
objective : il peut et doit régler les choses qui sont liées à la
sauvegarde des biens civils, seulement celles-là mais toutes
celles-là. L'appréciation de la conscience est de ce fait écartée
et personne ne peut s'en prévaloir pour se soustraire à la loi.
Dans un culte, on tolérera donc tout ce qui ne blesse pas la loi
civile, on interdira tout ce qui lui est contraire ; par ailleurs on
prescrira tout ce qui est lui est nécessaire. Il ne s'agit pas tant de
démontrer à qui que ce soit que les lois portent sur des « choses
indifférentes » à son culte (d'abord parce qu'il est impossible
de le lui faire admettre s'il est persuadé du contraire, ensuite
parce que le bien public peut exiger une réglementation de
« choses nécessaires » aux yeux d'un culte) que, tout à l'inverse,
de montrer que l'État s'occupe des *choses nécessaires à la
sauvegarde des biens civils*, que ces dernières soient jugées
indifférentes ou non par tel ou tel pratiquant.

C'est sur la nécessité d'une réglementation commune des choses relatives aux biens civils que s'appuient fort conséquemment les trois premières exclusions de la tolérance. La première est purement théorique, c'est la fiction d'un dogme qui s'opposerait au principe même de la société civile, fiction sans doute à la limite du possible puisque toute secte est en même temps une société et qu'elle a besoin de la protection de ses propres biens civils. La seconde vise les religions qui prétendent s'approprier les prérogatives du pouvoir civil et faire la loi en «fondant la domination sur la grâce». La troisième vise une religion par laquelle un citoyen fait allégeance à un souverain étranger[1]. Quant à la quatrième exclusion (celle des athées) elle touche un point fondamental sur lequel nous reviendrons.

Cette profonde objectivité du raisonnement, fondé sur la nature du pouvoir civil et des églises, libère l'espace de la croyance et généralement celui de l'opinion. L'autonomie du jugement individuel est ainsi à la fois délimitée et rendue absolue dans le champ qui lui est propre. Devant l'autorité de la loi et pourvu qu'elle se borne, conformément à sa nature, à ce qui est nécessaire aux biens civils, personne ne peut camper sur son jugement personnel en vue de s'y soustraire. Mais la nécessité qui autorise la loi est en même temps le principe de sa limitation : elle ne peut ordonner à personne d'adhérer à une proposition ou à un corps de doctrine ni de les rejeter, l'adhésion ou le rejet s'effectuant par des opérations mentales strictement individuelles et détachées du champ de la loi. Locke en tire une très haute conséquence morale : au fond, personne ne peut rien pour personne touchant le salut de son âme, on ne sauve personne par

---

1. Locke pense bien entendu aux catholiques, mais en donnant l'exemple d'un musulman qui, vivant sous un prince chrétien, prétendrait pourtant obéir au Mufti de Constantinople lequel obéit à l'Empereur ottoman, il ramène ce troisième cas au second.

la force, chacun étant pleinement responsable de sa vie spirituelle. Mais l'aspect extérieur de la limitation nous intéresse
également ici en ce qu'il trace les espaces respectifs de l'ordre
politique et de l'ordre logique. Selon ce principe en effet, la loi
n'a aucune autorité dans le domaine du vrai et du faux :

> [...] les lois ne veillent pas à la vérité des opinions, mais à la
> sécurité et à l'intégrité des biens de chacun et de l'État. Et l'on
> ne doit certes pas s'en plaindre. On se conduirait vraiment fort
> bien à l'égard de la vérité si lui permettait quelque jour de se
> défendre elle-même [1].

Contingence des religions ; nécessité de la religion

S'agissant de la « vérité » religieuse, il va donc de soi
qu'elle est laissée à l'appréciation des individus et des sociétés
spirituelles auxquelles ils jugent bon de s'associer. Mais on en
conclurait trop vite que la notion de « vraie religion » est de ce
fait discréditée, du moins elle ne l'est pas explicitement [2]. Ici
intervient une des argumentations les plus surprenantes du
texte. Quand bien même on admettrait l'existence d'une
unique religion vraie, cela doit précisément conduire à les
tolérer toutes. Il est clair que ce paradoxe, s'il est avéré, est
propre à fermer la bouche à toutes les persécutions menées au
nom de « la vraie religion ». Essayons donc de suivre le
raisonnement par lequel Locke l'établit.

Le fond de l'argumentation est logico-psychologique. S'il
existe une vraie religion, il faut – à la différence de ce qui a lieu
dans le domaine de la connaissance par raison naturelle et par

---

1. *Lettre*, trad. Polin, p. 69.

2. Et le serait-elle que c'est alors l'auteur qui prendrait le risque de l'être. Il
ne faut pas oublier que la *Lettre* est écrite à la fin du XVIIe siècle par un auteur en
exil (Locke se trouve en Hollande en 1685 lors de la rédaction de son texte paru
en 1689 à Gouda) dans un climat d'extrême tension religieuse.

expérience – aussi expliquer pourquoi tant de religions différentes existent sans que personne soit en mesure de dire
laquelle est la vraie. On ne voit pas pourquoi une catégorie
d'hommes, qu'ils soient magistrats civils ou clercs, serait plus
apte qu'une autre à en juger ; on est donc sur ce point renvoyé à
l'autonomie absolue du jugement individuel. La notion de
« vraie » religion passe alors au régime psychologique : est
vraie une religion que je tiens pour telle, et telle est la nature de
la conviction intérieure que nulle force extérieure ne peut me
persuader du contraire. Mais la réciproque vaut : je n'en ai pas
pour cela le droit (ni d'ailleurs, au fond, le pouvoir) de forcer
un autre à quitter la religion dont il est persuadé qu'elle est
vraie. Il faut pour cela user d'arguments et d'exhortations,
mais c'est finalement le jugement intime qui tranche. Comme
l'écrit Jean-Fabien Spitz, « Locke opère ici une remarquable
subversion de la notion de *véritable religion* »[1].

Pourtant, cette première forme d'argumentation pourrait
nous faire hâtivement conclure à une tolérance d'indifférence
menant à la *tolérance élargie* pour laquelle il est indifférent
non seulement d'avoir une religion plutôt qu'une autre, mais
aussi d'avoir une religion plutôt qu'aucune. Il faut donc examiner comment Locke conjugue l'idée que les religions sont
contingentes avec l'idée même de religion comme nécessaire :
c'est qu'il y a certitude quant au but et à la nature des objets,
mais contingence quant aux voies susceptibles d'y parvenir et
de les déterminer dans leur contenu. La *Lettre* recourt à un
exemple qui nous éclairera :

> Un seul d'entre ces chemins est la voie véritable du salut ? Mais
> sur les mille chemins que les hommes prennent, il s'agit de
> savoir quel est le bon : ni le soin de l'État, ni le droit de faire des
> lois ne permettent au magistrat de découvrir le chemin qui

1. *Lettre*, trad. GF, p. 67.

mène au ciel plus sûrement que ne le font la réflexion et l'étude à un particulier. Supposons que je traîne un corps débile atteint d'une grave maladie pour laquelle il n'y a qu'un seul remède et qui soit inconnu : appartiendra-t-il au magistrat de me prescrire un remède parce que ce remède est unique et parce qu'il est, entre tant d'autres, inconnu ?[1].

En matière de religion, à l'image de ce remède dont l'existence est certaine mais dont la nature exacte est inconnue, la fin est certaine : c'est le salut des âmes et l'honneur qui doit être rendu à Dieu. En revanche les moyens pour y parvenir sont multiples et contingents : le chemin pour sauver son âme et le véritable culte honorant Dieu ne sont connus de personne, pas plus des magistrats (et, peut-on ajouter, des prêtres) que des autres ; c'est pourquoi entière liberté doit être laissée à chacun de choisir la voie qu'il estime juste et de se joindre à d'autres qui la pratiquent. L'analogie avec l'argument par lequel Locke, dans le *Second traité du gouvernement civil* (chap. II, § 4), écarte la thèse d'un pouvoir unique de droit divin saute aux yeux : si Dieu avait établi une lignée destinée au pouvoir politique, cela se saurait, et personne n'en contesterait la domination. En revanche (et toujours en poursuivant l'analogie), la formation de l'association politique elle-même par laquelle l'homme sort de l'état de nature relève d'une forme de nécessité (*Second traité*, chap. VII) mais cette nécessité, loin d'abolir la liberté, en est au contraire l'effet et l'accomplissement.

À la faveur de ce parallèle, on touche la complexité d'une pensée de la liberté qui se mesure à plusieurs niveaux. Elle peut bien sûr s'apprécier à la contingence. Locke souligne fortement dans son argumentation la contingence des sociétés spirituelles que sont les églises : nul n'est tenu d'adhérer à telle ou telle, l'adhésion relevant exclusivement du jugement que

1. *Lettre*, trad. Polin, p. 39-41.

chacun porte sur l'adéquation de telle société à sa fin (adorer Dieu et assurer le salut de son âme). Parallèlement, personne n'est tenu d'adhérer à telle ou telle société politique ni même de rester dans celle de sa naissance – on ne reviendra pas ici sur la démonstration du chapitre VIII du *Second traité*, sur la théorie du consentement ni sur l'argumentation qui ruine le prétendu droit patriarcal au chapitre VII.

Mais sur le *quod* de la religion en elle-même ainsi que sur celui de l'association politique, sur la certitude de leur formation du fait de leur nécessité, on peut en revanche s'interroger. En regardant du côté de la pensée politique, on voit bien comment Locke accorde très classiquement cette nécessité avec la liberté, dans la mesure précisément où il fait de l'appréhension de cette nécessité un effet de la liberté humaine, et non d'un déterminisme qui lui serait prescrit de l'extérieur. C'est justement parce que les hommes placés dans l'état de nature jouissent de leur liberté qu'ils concluent à la nécessité de former association politique. Ce consentement est au cœur de la liberté : il se cristallise dans un modèle judiciaire [1] qui porte la marque de la liberté en même temps qu'il en résout les apories pratiques. Ainsi, sans doute *existe-t-il en fait* des hommes dans l'état de nature [2]. Mais bien qu'il soit à la rigueur pensable qu'un homme veuille y demeurer ou y retourner en se tenant à l'écart de toute association, cela n'est guère tenable. Si l'on réfléchit bien, tous au fond sont bien *d'accord* pour former société – et cet accord fondamental sur la nécessité du *quod* de la société politique soutient la contingence du *quid*. On se

---

1. Le critère de l'état civil, qui le distingue absolument de l'état de nature, est l'institution d'un « juge commun » compétent pour trancher les conflits.

2. C'est le cas, par exemple, de celui qui est acculé à la légitime défense, mais c'est aussi le cas du monarque absolu dans les différends qui l'opposent à ses sujets, où il est à la fois juge et partie.

risquera à raisonner de façon analogue, *mutatis mutandis*, sur la nécessité de la société religieuse en général : il ne s'agit pas d'un destin ni d'un déterminisme mais d'un effet de la liberté fondamentale par laquelle tout homme est soucieux du « soin » de son âme et de l'existence de Dieu.

C'est alors que la figure de l'athée apparaît dans toute sa force dissolvante – figure libre aussi qui, confrontée au même souci métaphysique, choisit la *dissolution* au sens strict du terme. Cela ne signifie pas qu'il se détourne du soin de son âme ni de la réflexion métaphysique : seulement il ne conclut pas (comme le font tous les autres) à la nécessité de l'association religieuse ; il n'est pas comme le reste des hommes. À ses yeux, le soin de l'âme ne prend pas nécessairement la forme du salut au sens religieux du terme et ne passe pas nécessairement par la reconnaissance d'une divinité en attente d'un culte. La *conclusion du lien* (*vinculum*) tant à Dieu dans un agrément (et même dans son existence) qu'aux autres hommes dans une association, il n'y consent pas. À l'égard de Dieu et de toute société religieuse, l'athée se trouve donc dans une position d'état de nature absolu délibérément choisie et maintenue – un Adam qui aurait relevé le défi du péché originel et qui ne souscrirait pas au salut sous forme de rédemption comme seule issue, un Abraham rebelle au pacte divin. Un démon ?

La tenaille alors se referme, moment où Locke réunit en un point-racine les deux branches qu'il a pour tout le reste rigoureusement séparées : le *vinculum* (lien) auquel l'athée prétend échapper et qu'il récuse, c'est le même que celui des *vincula* de toute société, c'est l'idée même de lien. Le texte latin qui précise le motif par lequel les athées doivent être exclus du bénéfice de la tolérance [1] est d'une parfaite clarté dans sa concentration : *Athei enim nec fides, nec pactum, nec*

---

1. C'est la quatrième exclusion.

jusjurandum aliquod stabile et sanctum esse potest, quae sunt societatis humanae vincula; adeo ut Deo vel ipsa opinione sublato haec omnia corruant[1]. La convergence formelle entre les liens qui forment toute société religieuse et ceux qui forment toute société politique autorise alors la conséquence : *sans foi donc sans loi*[2].

Ces deux tableaux récapitulent la formation, la disjonction et la dissolution des deux types de société selon Locke en faisant l'hypothèse d'un parallélisme entre société civile et société religieuse. Chaque tableau se lit de bas en haut, le second présente l'hypothèse d'une dissolution des liens tant politique que religieux.

	Société civile	*Société religieuse*
But et objets	Sauvegarde des biens civils	Salut des âmes Culte rendu à Dieu
Moyens	Contrainte matérielle, droit pénal	Persuasion, exhortation, excommunication
Principe	Lien politique	Lien religieux
Racine commune	*Vinculum* consenti	
Origine	LIBERTÉ	

1. *Lettre,* trad. Polin, p. 82. Je traduis à partir de Le Clerc mais en soulignant la relation entre *vincula* et *haec omnia :* « En effet, de la part d'un athée, ni la promesse, ni le contrat, ni le serment – qui forment les liens de la société humaine – ne peuvent être quelque chose de stable et de sacré ; à tel point que, l'idée même de Dieu supprimée, tous ces liens sont ruinés ». On remarquera l'habileté du texte de Locke qui évite la formule brutale et blasphématoire « *Deo sublato* » (« Dieu supprimé ») par l'introduction de « *vel ipsa opinione* », ce qui peut donner en français « l'idée même de Dieu abolie... », formule qui n'est pas seulement prudente, mais qui est parfaitement conforme à la position logico-psychologique soulignée précédemment.

2. Voir le tableau récapitulatif suivant.

Figure forclose	Retrait de toute société civile	Athéisme
Principe	Dissolution	
Racine	Vinculum non consenti	
Origine	LIBERTÉ	

On voit d'après le premier tableau que l'une des forces de cette très grande pensée est de fonctionner en tenaille. Car les points par lesquels les deux types de société se mirent l'une dans l'autre – sauvegarde ou salut; liberté de l'adhésion – rendent compte aussi de leur totale séparation. Mais l'ensemble est tenu par une profonde racine commune d'où sortent ces branches disjointes et qui fait circuler en elles la même vertu coalisante. Pour défaire ce nœud, il faut, en récusant la validité de la conséquence « sans foi donc sans loi », accepter d'examiner la figure de l'incroyance autrement que comme une figure forclose, montrer, comme le fait Bayle, que la dissolution du lien religieux ne ruine pas le lien politique. Davantage encore, il faut oser penser que le lien politique peut s'autoriser de la suspension du lien à forme religieuse ce qui, loin d'abolir ce dernier, lui donne au contraire une liberté sans précédent en prolongeant jusqu'à la racine la disjonction du civil et du religieux. Une pensée philosophique de la laïcité ne peut faire l'économie de cette réflexion et ne peut se constituer sans cette audace ; elle est mise en demeure de soutenir que la forme religieuse du lien n'a pas de valeur paradigmatique pour penser la cité.

De Locke à Bayle : le déverrouillage de l'incroyance du point de vue subjectif et anthropologique

Dans le parcours qui mène à la construction philosophique du concept actuel de laïcité, le déverrouillage du problème de l'incroyance est donc décisif. Non pas, on l'a souligné

dans l'étude qui précède[1], parce que l'incroyance en tant que
contenu aurait un rôle plus important que celui de toute autre
position, mais parce que la figure de l'incroyance, ramenée à
sa pure forme, pose en elle-même la question de l'adhésion et
du retrait en même temps que celle de la singularité, celle de la
possibilité de la proposition « Je ne suis pas comme le reste des
hommes ».

Sur ce trajet, et bien qu'elle ne soit pas une théorie politique au sens où l'est la pensée de Locke, la réflexion de Pierre
Bayle (1647-1706) est un jalon principal[2]. Il ne s'agit pas
d'une théorie politique pour des raisons évidentes qui tiennent
aux circonstances historiques dans lesquelles elle s'effectue,
sous le poids de la répression qui précède la révocation de l'Édit
de Nantes, et entièrement prise dans la forme de la controverse
menée tant sur le front du protestantisme face au catholicisme
qu'au sein du protestantisme – parfois contre lui[3].

Bayle effectue deux pas décisifs dans la perspective qui
nous intéresse ici. 1) Il dépasse le principe de la contingence
des religions pour formuler celui de la contingence de la
religion, et cela en relation avec la question du lien social.
2) Il argumente de façon convaincante la compatibilité de
l'athéisme avec la société civile, jusqu'à former l'hypothèse

1. Voir *supra*, p. 14.

2. De Bayle et sur Bayle, nous avons principalement consulté l'édition de
J.-M. Gros de *De la tolérance : commentaire philosophique sur ces paroles de
Jésus-Christ « Contrains-les d'entrer »*, Paris, Presses Pocket, 1992, avec un
dossier très bien fait; celle de J. Boch *Pensées sur l'athéisme*, Paris,
Desjonquères, 2004, qui réunit plusieurs textes notamment les *Pensées sur la
comète* et la *Continuation des Pensées*, ainsi que les volumes II et III des
*Fondements philosophiques de la tolérance en France et en Angleterre au XVIIe
siècle*, Y. Ch. Zarka, F. Lessay, J. Rogers (dir.), Paris, PUF, 2002, 3 vol.

3. Bayle fut accusé d'athéisme par son ancien protecteur Pierre Jurieu. Il
n'est pas anecdotique que l'un des contradicteurs de Bayle fut Jean Le Clerc,
directeur de la *Bibliothèque universelle* et traducteur de Locke en français.

(qu'il vaudrait mieux qualifier d'utopie) d'une « société d'athées » dont il examine les propriétés morales.

Bayle : la contingence de la religion

Aux yeux de Bayle, le moment religieux en lui-même, quoique fort répandu, est contingent et surtout il n'est pas nécessaire à la vie sociale et politique. Les lois elles-mêmes ne sont pas nécessaires à la paix publique, ce qui rend indépendants tous les liens que Locke aurait considéré comme noués par leur forme. L'argumentation se place d'un point de vue spéculatif, mais aussi sur celui que nous pourrions qualifier aujourd'hui d'une anthropologie sociale :

> Il y a eu des sociétés qui ont subsisté sans lois, sans magistrats, sans aucune forme de gouvernement. Les Aborigènes en Italie, les Gétules et les Libyens en Afrique se sont maintenus ainsi pendant plusieurs siècles ; Pomponius Méla remarque que dans l'intérieur de l'Afrique il y avait encore des peuples qui n'avaient aucune loi, et qui ne délibéraient de rien en commun ; chaque famille se gouvernait indépendamment des autres[1]. Je crois qu'il y a encore de semblables peuples dans cette partie du monde. Je ne répéterai pas ce que j'ai dit des Américains, et je laisserai cent autres exemples qu'il serait facile de recueillir.
>
> Cette manière de vivre est fort mal propre à polir les mœurs, et laisse l'esprit dans une stupidité sauvage ; mais il n'est pas question de cela, Monsieur, il s'agit de voir si elle est cause nécessairement que les hommes s'entre-pillent et s'entretuent. C'est ce que vous prétendez sans nulle raison, puisque l'histoire nous apprend que des familles dont aucune n'était liée par les mêmes lois avec les autres se sont abstenues réciproquement de s'insulter et de se nuire. Chacune se contentait de son bien et laissait le leur aux autres, soit que par stupidité elle bornât ses désirs à peu de chose, soit qu'il lui restât assez de

---

1. Pomponius Mela, I, I, chap. 8 [note de Bayle].

bon sens pour voir qu'en volant le bien d'autrui elle introduirait un exemple dont elle porterait la peine bientôt après. Quoi qu'il en soit, voilà des peuples qui se sont multipliés et conservés sans vivre en société. Il est donc faux que la vie sociale soit absolument nécessaire à la conservation du genre humain [1].

Spéculativement, c'est le schéma du doute cartésien qui est retenu (suffisance du « moindre doute » pour ébranler une proposition) pour valider la thèse de la contingence du religieux en général par l'accréditation de l'incroyance. On peut en effet, selon Bayle, donner une définition consistante et doctrinale des différentes versions de l'incroyance [2], mais une unique définition fonctionnelle minimale est suffisante et décisive pour récuser l'idée même de la forme religieuse comme position nécessaire, universelle et primitive :

> [...] pour être non-théiste, ou athéiste, il n'est pas nécessaire d'affirmer que le théisme est faux ; il suffit de le regarder comme un problème [3].

L'argumentation spéculative frappe donc le dogme répandu du caractère inné de la religion : celle-ci, quel qu'en soit le contenu, n'est pas un *a priori* de la pensée humaine ; du point de vue théorique, elle n'est ni nécessaire ni universelle. Il en va autrement de son caractère apparemment universel de fait, et c'est ici qu'intervient une argumentation de type anthropologique fondée sur l'état des sociétés et leur histoire : le consentement prétendu unanime n'a rien d'universel. Bayle le récuse longuement à coups d'exemples tirés de l'histoire et

1. *Continuation des pensées diverses* (1704), dans *Pensées sur l'athéisme*, J. Boch (éd.), *op. cit.*, p. 140-141.
2. Bayle, *Réponses aux questions d'un provincial*, dans *Pensées sur l'athéisme* (1703-1707 posth.), *op. cit.*, p. 174-175 : « Remarques touchant l'athéisme spéculatif ».
3. *Ibid.*, p. 175.

de l'examen des peuples non-européens, faisant au passage malicieusement remarquer que, fût-il valide, un tel consentement n'aurait aucune portée pour établir l'universalité du monothéisme. Mais la récusation ne se contente pas d'une simple énumération ni de remarques particulières, elle soulève de façon générale la question de la validité d'un raisonnement purement statistique en la matière[1]. Il suffirait qu'un seul athée soit possible pour que le consentement soit renversé. On objecterait en vain que personne ne se déclare athée ouvertement. L'absence d'occurrence statistique ne peut pas être établie sur un tel silence puisque en tous lieux on réduit les athées au silence – nulle part il n'est bien vu d'être athée ou de se dire tel. Comment s'autoriser d'un consentement fondé sur un silence forcé par la pression sociale? Socialement et actuellement, la figure de l'athée est une figure solitaire, héroïque et aristocratique – il n'est pas comme le reste des hommes[2].

L'athée et l'autorité des lois

Figure minoritaire et aristocratique à laquelle on ferme la bouche, l'athée ne mérite cependant pas les accusations de dissolution morale et sociale dont il est ordinairement chargé. Position hautement morale qui n'instrumentalise pas la vertu dans l'espoir d'obtenir une récompense extérieure, pensée philosophique minimaliste qui ne recourt pas à la béquille de la transcendance pour se soutenir, l'athéisme ne menace pas la cohésion sociale quand elle existe, ni l'ordre politique établi. D'abord, comme on l'a vu précédemment[3], parce que l'athée, en vertu de son parti-pris d'immanence, est plus sensible qu'un autre aux lois existantes, plus vulnérable aux peines tempo-

---

1. Bayle, *Continuation des Pensées diverses* (1704), *ibid.*, p. 129.
2. Voir la présentation de J. Boch, *ibid.*, p. 25-26.
3. Voir l'étude ci-dessus, p. 17-18.

relles; privé du secours d'un ciel auquel il ne croit pas, il ne peut en appeler à personne pour le légitimer dans une action subversive à caractère politique. Sa capacité de «résistance» ou de rébellion est adéquate à la nature même de sa position tant philosophique que sociale: elle est singulière, et sa possible rébellion ne peut être que négative, soustractive et privée. L'éblouissant plaidoyer de Bayle en faveur de l'athéisme non seulement en démontre la non-dangerosité, mais il le fait en révélant ici le caractère fondamental de sa singularité. On en déduit aisément que l'athéisme, par sa nature soustractive même, n'a pas vocation à former coalition politique[1]: il ne peut pas y avoir de complot d'athées.

Mais n'est-ce pas ce que dit aussi Locke, cette fois envisagé du point de vue de la formation du corps politique comme association? Certes, aurait pu dire Locke, il ne peut y avoir de complot d'athées, mais c'est pour la même raison que l'athée ne peut entrer dans aucun contrat…[2].

Effectivement, lorsque Bayle, dans la *Continuation des Pensées diverses*, envisage une «société» d'athées, c'est uniquement en vue de montrer que l'athéisme n'est pas en soi contraire à l'état social (et plus généralement que l'état social

---

1. L'objection de l'expérience ultérieure du communisme au XXe siècle comme «coalition athée» n'ébranle en rien cet argument. Car premièrement l'athéisme officiel du ci-devant bloc de l'Est n'est pas un moment spéculatif autonome de philosophie première : loin de fonder une théorie politique et d'en soutenir les aspects militants, c'est au contraire une théorie politique et économique qui le promeut et qui en fait son bras idéologique. En outre l'examen des propriétés objectives d'un athéisme officiel (quel qu'en soit le fondement) l'apparente à la sphère du religieux. Enfin, et c'est à nos yeux l'argument décisif, l'obligation de *l'incroyance comme doctrine* n'est autre qu'une obligation d'appartenance et exclut par définition *l'incroyance comme forme* : la proposition «je ne suis pas comme le reste des hommes» y sera frappée d'interdit comme dans un État où une religion officielle est imposée.

2. Il faut attendre Condorcet pour que l'hypothèse du contrat soit écartée.

ne doit rien au lien religieux), et non dans une visée de théorie politique qui engagerait l'examen de la formation et de la légitimité de l'association. Il le fait en suspendant la notion même de société politique au sens classique du terme par l'appel à l'histoire reculée et quasi mythique de « peuples qui n'avaient aucune forme de gouvernement ni aucune loi », puis par la fiction utopique de familles « confédérées sous certaines lois dont l'infraction aurait été châtiée par l'autorité de l'État » et dont l'objet est borné à assurer le « repos public ». Sans doute, dotée par là même d'un gouvernement neutre, une telle confédération serait ultra-tolérante, elle pourrait être laïque mais par défaut et dans un éden social archaïsant fondé sur la séparation des communautés et l'immobilisme économique :

> Puisque les familles qui ne dépendaient d'aucune puissance ni d'aucune loi commune ont évité de faire du tort les unes aux autres, elles auraient à plus forte raison tenu la même conduite si elles avaient été confédérées sous certaines lois dont l'infraction aurait été châtiée par l'autorité de l'État. Or il n'y a point de moyen plus efficace pour conserver les sociétés que si chacune des familles se contente de ce qu'elle a, et si toutes s'intéressent à repousser l'ennemi commun et à réprimer les perturbateurs du repos public. Si donc un grand nombre de familles athées se sont maintenues pendant plusieurs siècles sous l'état d'indépendance sans aucune loi, il est clair qu'elles se seraient encore mieux maintenues sous une forme de gouvernement où l'injure faite à son prochain eût été soumise à des lois pénales. Il eût donc pu se former de ces familles d'athées réunies sous une forme de gouvernement une nombreuse société qui aurait eu des principes suffisants pour le maintien du repos public[1].

À lire cette projection qui fait l'impasse sur le moment réel du développement – lequel comprend non seulement la guerre

---

1. *Continuation des Pensées diverses, ibid.*, p. 141.

extérieure mais aussi les conflits idéologiques internes de toute sorte et qui en revanche forme le socle des grandes pensées politiques à l'âge classique –, et dans laquelle on cherche cette fois en vain une place pour la singularité individuelle, on ne peut s'empêcher de penser, *mutatis mutandis*, à l'utopie exposée par Fénelon dans *Les Aventures de Télémaque*, fondée sur une frugalité communautaire et régressive : « se contenter de ce que l'on a »… Mais il faut répéter ici, à la décharge de Bayle et à la différence de Fénelon qui suggère une politique au Prince, que son argumentation n'a pas de visée programmatique et qu'elle est avant tout spéculative.

La fiction baylienne invite à une tolérance élargie, ou même à une laïcité négative, résultat hypothétique (mais obtenu par des voies pragmatiques) d'accords passés entre communautés indépendantes, un peu sur le modèle de traités entre nations : une régulation relevant d'une *politique extérieure*.

L'efficacité de la pensée de Locke était d'éviter l'enfermement dans le moment subjectif et d'examiner les propriétés objectives tant de l'association politique que du rassemblement religieux. Cette analyse objective conduit à des principes essentiels (séparation des deux sphères, double limitation) qui ne se contentent pas d'éclairer le réel vécu des sociétés, mais qui en dénoncent aussi la confusion et qui engagent une pensée programmatique de ce que *doit être* le rapport entre politique et religion. Sa limitation est dans l'axiome du *lien* pensé comme une racine commune aux deux sphères que tout distingue par ailleurs : elle réside dans la puissance même du modèle du *contrat* auquel l'incroyance (comme forme et non pas comme position) échappe par définition.

On doit en revanche à Bayle le déverrouillage qui libère l'incroyance de sa position hors-jeu, de son incapacité politique. Il défait de façon explicite le nœud que Locke, au même moment, tisse entre le lien religieux et le lien politico-social : « il n'est donc pas d'une absolue nécessité pour le maintien des corps politiques qu'ils aient une religion »[1], la formation du lien politique étant exclusivement fondée, selon lui, sur la préservation du repos et l'évitement de la guerre. Mais Bayle ne peut sortir l'incroyance de la réclusion politique où Locke la relègue que sous un régime subjectif – celui de la protestation de la conscience – et appuyé sur des attendus dont la portée trop particulière ne peut valoir pleinement dans le champ de la théorie politique.

Ce déverrouillage, comme on vient de le voir, s'effectue en effet sur un mode à la fois empirique, moral et utopique. La laïcité (ici il faut entendre l'idée d'un gouvernement qui s'abstient rigoureusement en matière de croyance) n'y est pas constituée comme concept politique fondateur, mais elle apparaît comme *résultat* et sous un régime strictement silencieux : aucune *loi* dans cette utopie confédérale n'en énonce la nécessité *a priori* – c'est à l'inverse le jeu empirique des accords passés entre microsociétés qui la produit. Néanmoins, cette idée « en creux » de la laïcité nous apparaît bien comme la conquête d'un esprit libre dont elle proclame l'audace ; c'est celle que pouvait porter à son maximum le moment subjectif de la liberté de conscience dont Bayle est le héraut, mais que, placé dans des circonstances étouffantes, il ne pouvait évidemment pas élargir à son degré d'objectivité politique.

Pour que le *concept objectif* de laïcité se forme, il faut franchir une étape supplémentaire : il faut que sa place et son statut changent, que de conséquence muette il devienne principe explicite et condition de possibilité, qu'il passe du statut de simple résultat hypothétique à celui de programme réel, du statut d'effet juridique à celui de cause politique. Seul un

---

1. *Ibid.*, p. 141.

espace politique ouvert à une programmation plus radicale pouvait offrir un terrain propice à un tel retournement philosophique. C'est ce terrain que la Révolution française va faire apparaître. Mais encore faut-il que sur ce terrain neuf une pensée consente à dissoudre la racine supposée commune du lien politique et du lien religieux : de toutes les pensées politiques qui se déployèrent alors, celle de Condorcet franchit ce pas, en grande partie parce qu'elle propose un modèle qui fait l'économie du contrat et qui pense l'adhésion au politique sous un autre régime que celui de la *confiance*.

TEXTE 2

Jean Antoine Nicolas de Condorcet (1743-1794)
*Rapport et projet de décret relatifs à l'organisation
générale de l'instruction publique* (20 et 21 avril 1792)*

[…] Ainsi, l'instruction doit être universelle, c'est-à-dire s'étendre à tous les citoyens. Elle doit être répartie avec toute l'égalité que permettent les limites nécessaires de la dépense, la distribution des hommes sur le territoire, et le temps, plus ou moins long, que les enfants peuvent y consacrer. Elle doit, dans ses divers degrés, embrasser le système tout entier des connaissances humaines, et assurer aux hommes, dans tous les âges de la vie, la facilité de conserver leurs connaissances et d'en acquérir de nouvelles.

Enfin, aucun pouvoir public ne doit avoir l'autorité ni même le crédit, d'empêcher le développement des vérités nouvelles, l'enseignement des théories contraires à sa politique

---

* G. Compayré (éd.), Paris, Hachette, 1883, p. 7, 29-31, 35-36; rééd. C. Coutel, Paris, Edilig, 1989. On trouve également ce texte sur le site de l'Assemblée nationale: http://www.assemblee-nationale.fr/histoire/7ed.asp. Condorcet fut élu président du comité d'Instruction publique de l'Assemblée législative; il présente ici le Rapport approuvé par le Comité le 18 avril 1792.

particulière ou à ses intérêts momentanés. Tels ont été les principes qui nous ont guidés dans notre travail.

[…] Tels ont été nos principes; et c'est d'après cette philosophie, libre de toutes les chaînes, affranchie de toute autorité, de toute habitude ancienne, que nous avons choisi et classé les objets de l'instruction publique. C'est d'après cette même philosophie que nous avons regardé les sciences morales et politiques comme une partie essentielle de l'instruction commune. Comment espérer, en effet, d'élever jamais la morale du peuple, si l'on ne donne pour base à celle des hommes qui peuvent l'éclairer, qui sont destinés à diriger, une analyse exacte, rigoureuse des sentiments moraux, des idées qui en résultent, des principes de justice qui en sont la conséquence? Les bonnes lois, disait Platon, sont celles que les citoyens aiment plus que la vie. En effet, comment les lois seraient-elles bonnes, si, pour les faire exécuter, il fallait employer une force étrangère à celle du peuple, et prêter à la justice l'appui de la tyrannie? Mais pour que les citoyens aiment les lois sans cesser d'être vraiment libres, pour qu'ils conservent cette indépendance de la raison, sans laquelle l'ardeur pour la liberté n'est qu'une passion et non une vertu, il faut qu'ils connaissent ces principes de la justice naturelle, ces droits essentiels de l'homme, dont les lois ne sont que le développement ou les applications. Il faut savoir distinguer dans les lois les conséquences de ces droits et les moyens plus ou moins heureusement combinés pour en assurer la garantie; aimer les unes parce que la justice les a dictées; les autres, parce qu'elles ont été inspirées par la sagesse. Il faut savoir distinguer ce dévouement de la raison qu'on doit aux lois qu'elle approuve, de cette soumission, de cet appui extérieur que le citoyen leur doit encore, lors même que ses lumières lui en montrent le danger ou l'imperfection. Il faut qu'en aimant les lois, on sache les juger. Jamais un peuple ne jouira d'une liberté constante, assurée, si l'instruction dans les sciences politiques n'est pas générale, si elle n'y est pas indépendante de toutes les institutions sociales, si l'enthousiasme que vous excitez dans l'âme des citoyens n'est pas dirigé par la raison, s'il peut s'allumer pour ce qui ne serait pas la vérité, si en attachant l'homme par l'habitude, par l'imagination, par le sentiment à sa constitution, à ses lois, à sa liberté, vous ne lui préparez, par une instruction générale, les moyens de parvenir à une constitution plus parfaite, de se donner de meilleures lois, et d'atteindre à une liberté plus entière.

[...] Les principes de la morale enseignés dans les écoles et dans les instituts, seront ceux qui, fondés sur nos sentiments naturels et sur la raison, appartiennent également à tous les hommes. La Constitution, en reconnaissant le droit qu'a chaque individu de choisir son culte, en établissant une entière égalité entre tous les habitants de la France, ne permet point d'admettre, dans l'instruction publique, un enseignement qui, en repoussant les enfants d'une partie des citoyens, détruirait l'égalité des avantages sociaux, et donnerait à des dogmes particuliers un avantage contraire à la liberté des opinions. Il était donc rigoureusement nécessaire de séparer de la morale les principes de toute religion particulière, et de n'admettre dans l'instruction publique l'enseignement d'aucun culte religieux. Chacun d'eux doit être enseigné dans les temples par ses propres ministres. Les parents, quelle que soit leur opinion sur la nécessité de telle ou telle religion, pourront alors sans répugnance envoyer leurs enfants dans les établissements nationaux ; et la puissance publique n'aura point usurpé sur les droits de la conscience, sous prétexte de l'éclairer et de la conduire. D'ailleurs, combien n'est-il pas important de fonder la morale sur les seuls principes de la raison ! Quelque changement que subissent les opinions d'un homme dans le cours de sa vie, les principes établis sur cette base resteront toujours également vrais, ils seront toujours invariables comme elle ; il les opposera aux tentatives que l'on pourrait faire pour égarer sa conscience ; elle conservera son indépendance et sa rectitude, et on ne verra plus ce spectacle si affligeant d'hommes qui s'imaginent remplir leurs devoirs en violant les droits les plus sacrés, et obéir à Dieu en trahissant leur patrie. Ceux qui croient encore à la nécessité d'appuyer la morale sur une religion particulière, doivent eux-mêmes approuver cette séparation : car, sans doute, ce n'est pas la vérité des principes de la morale qu'ils font dépendre de leurs dogmes ; ils pensent seulement que les hommes y trouvent des motifs plus puissants d'être justes ; et ces motifs n'acquerront-ils pas une force plus grande sur tout esprit capable de réfléchir, s'ils ne sont employés qu'à fortifier ce que la raison et le sentiment intérieur ont déjà commandé ? Dira-t-on que l'idée de cette séparation s'élève trop au-dessus des lumières actuelles du peuple ? Non, sans doute ; car, puisqu'il s'agit ici d'instruction publique, tolérer une erreur, ce serait s'en rendre complice ; ne pas consacrer hautement la vérité, ce serait la trahir. Et quand bien même il serait vrai que des ménagements politiques dussent encore, pendant quelque temps, souiller les lois d'une nation libre ; quand cette doctrine insidieuse ou faible trouverait une excuse dans cette stupidité, qu'on se plaît à supposer dans le peuple pour avoir un prétexte de le tromper ou de l'opprimer ; du moins, l'instruction qui doit amener le temps où ces ménagements seront inutiles, ne peut appartenir qu'à la vérité seule, et doit lui appartenir tout entière.

COMMENTAIRE

Une conception minimaliste et critique du politique

En ouvrant totalement l'espace politique à une programmation fondée sur la reconnaissance des droits de l'individu comme singularité, la Révolution française offre le terrain sur lequel s'effectue le retournement philosophique nécessaire à l'idée de laïcité comme principe fondamental, comme l'une des conditions de possibilité de l'association politique et non pas simplement à titre d'effet juridique.

Le texte de la *Déclaration des droits de l'homme* de 1789, et en particulier son article 8, qui assure la liberté de pensée et l'article 3 qui affirme la composition homogène du corps politique et exempte de corps intermédiaires, concentre et cristallise la conquête qui va de la tolérance restreinte à la laïcité sous sa forme juridique : l'association politique s'abstient de toute intervention en matière de croyance et d'opinion, elle s'interdit de reconnaître comme politiquement légitime toute autre instance que les citoyens pris individuellement pour former la « volonté générale » qui n'a rien d'une volonté rassemblant des points de vue collectifs. Elle se présente de plus comme une instance non-concernée par la question même des croyances et des opinions mais qui en garantit la coexistence libre pourvu qu'elles respectent le droit commun.

Mais du point de vue philosophique la question de la laïcité n'est pas épuisée par là : la nature du *lien politique* assurant l'existence et le maintien de l'association reste à éclaircir. Or la Révolution française fut le théâtre d'un débat acharné d'une violence extrême au sujet de la finalité de l'union politique, de sa signification morale, de sa sacralisation[1] par une forme de religion civile « sous les auspices de l'Être suprême », et de sa représentation esthétique (célébrations et fêtes). Toutes choses qui ne sont pas indifférentes à la problématique d'une laïcité où l'immanence et le minimalisme sont décisifs et où la forme de l'association répugne aux rassemblements qui prétendent, par l'appel à un moment affectif ou mythique, échapper au consentement raisonné.

C'est dans ce cadre philosophique général, et pas seulement pour sa théorie de l'école publique (à laquelle est borné l'extrait ici présenté) que la pensée de Condorcet est intéressante[2]. Avec elle, la dissociation absolue entre le lien social à modèle religieux ou à forme religieuse et le lien politique est portée explicitement à sa racine et à son moment le plus extrême. Les hommes en effet ne se rassemblent pas pour vivre ensemble en coalition, encore moins pour réunir et préserver des coalitions existantes, mais ils le font pour promouvoir, maintenir et étendre le droit de chacun à être un individu souverain. Ce faisant, ils ne s'inspirent d'aucun modèle préexistant, mais ils fondent par la force de leur seule raison un lien inédit, inouï, tout entier traversé par le critère de l'indé-

---

1. G. Coq parle d'une tradition du « sacré de remplacement », dans *Laïcité et république*, Paris, Éditions du Félin, 1995, p. 143.

2. Je me permets de renvoyer à mon *Condorcet, l'instruction publique et la naissance du citoyen*, Paris, Gallimard, 1987, et aux travaux de Ch. Coutel, notamment *Condorcet. Instituer le citoyen*, Paris, Michalon, 1999.

pendance; à la différence de Rousseau, Condorcet ne recourt pas au concept de contrat pour rendre compte de l'association politique. Comme on l'a vu précédemment[1], un tel libéralisme impose paradoxalement une forte théorie de l'État et des institutions publiques comme « combinaisons pour assurer la liberté » : au nombre de celles-ci l'Instruction[2] a un rôle primordial puisqu'elle conditionne le rapport du citoyen à sa propre souveraineté.

Il est donc nécessaire de parcourir les principaux points de cette théorie politique avant d'en venir à la question de l'Instruction publique comme institution. Car c'est bien dans la manière de penser l'association politique que se détermine le principe laïque de la disjonction entre le lien politique et la forme religieuse du lien.

Une théorie politique logique et critique : l'évitement de l'erreur

La théorie politique de Condorcet est avant tout une théorie de la souveraineté individuelle. À la différence de Locke, c'est le point de vue du sujet qui prime, sous la forme de la liberté de jugement et de conscience. Pourtant, dès ce moment initial, l'élément subjectif prend un caractère formel, et son contenu est frappé d'objectivité : c'est en vertu d'une analyse logique et probabiliste que Condorcet explique le mouvement par lequel un individu, fort de sa liberté inaliénable, sort de son point de vue particulier et conclut à la rationalité de l'association. En effet, à ses yeux il n'existe pas d'autre autorité libre que celle du vrai. Ou plutôt, puisqu'on ne peut que rarement atteindre le vrai (et particulièrement en

1. Voir l'étude, *supra*, p. 50 *sq.*
2. Nous usons de la majuscule lorsque le terme désigne uniquement l'institution comme organe public.

matière politique, où les propositions sont presque toujours problématiques), l'autorité doit se fonder sur un effort maximal pour éviter l'erreur, tel qu'il est possible au moment de la prise de décision. Un tel effort n'étant pas garanti par la nature des sujets qui délibèrent et décident, personne ne peut faire confiance à personne. Je ne peux donc pas remettre mon sort ni aliéner mon pouvoir de décision entre les mains d'un autre, homme, prince, dieu ou même peuple ; mais je ne suis pas non plus moi-même à l'abri de l'erreur.

L'aporie classique d'une liberté par définition inaliénable qui s'engage pour se conserver dans une aliénation totale, dont Rousseau faisait la « solution » du Contrat social, est ici subvertie et reconvertie en termes exclusivement logiques et critiques qui ont pour effet d'exclure une association fondée sur un mouvement de confiance réciproque. Comment sortir de cette aporie dont la première conséquence est que personne ne peut faire confiance à personne ? Le schéma sera celui, non pas de l'aliénation contractuelle, mais du *mandat* électif formalisé par des procédures explicites et tenu préalablement par une *Déclaration des droits*.

C'est précisément la relation intime entre le vrai et le faux, l'expérience personnelle que je fais du traumatisme critique, expérience d'une puissance sous la condition d'une impuissance[1], qui va fonder à la fois ma prétention à conserver la liberté de mon jugement et le mouvement par lequel je vais mandater (sur des objets définis, sous des formes et des procédures déterminées et pour une durée limitée) une assemblée élue pour me représenter et dont les décisions vaudront pour tous. Ainsi, l'autorité politique ne tire pas sa légitimité d'une immanence immédiate du peuple à lui-même, elle ne repose

1. Voir dans l'étude ci-dessus le développement sur la notion de « position critique », p. 57 *sq.*

pas vraiment sur la thèse d'une « volonté populaire », mais sur l'immanence de la réflexion raisonnée, critique et calculatrice, en chacun. Le mandat confié à des représentants élus n'a de sens que sur des objets nécessitant une règle commune et parce que, pour examiner ces objets afin de prendre des décisions, une délibération commune et fixée selon des règles déterminées s'expose moins à l'erreur qu'une décision particulière : c'est sur ma propre fragilité critique que prend appui la rationalité de la représentation. En confiant un mandat à l'assemblée, je souscris à une extension de ma propre raison parce qu'ainsi j'évite mieux l'erreur.

Cet aspect apparaît très tôt dans la pensée de Condorcet, dans le sillage de son *Essai sur l'application de l'analyse aux décisions rendues à la pluralité des voix* de 1785. Entre 1787 et 1789, il rassemble cette réflexion logique, probabiliste et politique dans plusieurs opuscules, notamment les *Lettres d'un Bourgeois de New Haven à un citoyen de Virginie sur l'inutilité de partager le pouvoir législatif entre plusieurs corps*[1] :

> La loi ne peut avoir pour objet que de régler la manière dont les citoyens d'un état doivent agir, dans les occasions où la raison exige qu'ils se conduisent, non d'après leur opinion et leur volonté, mais d'après une règle commune.
>
> Dans toute autre circonstance, le vœu même unanime de tous les citoyens, un seul excepté, ne peut imposer à celui qui n'y a point adhéré une obligation légitime d'agir contre ce qu'il croit raisonnable et utile.
>
> Ainsi, lorsque je soumets ma volonté à une loi que je n'approuve pas, je n'agis point véritablement contre ma raison, mais je lui obéis ; parce qu'elle me dit que dans cette action, ce n'est pas ma raison particulière qui doit me guider, mais une

---

1. Dans l'édition Arago des *Œuvres complètes* de Condorcet, vol. IX, Paris, Didot, 1847-1849.

règle commune à tous, et à laquelle tous doivent être soumis. Ainsi, la loi n'exige réellement aucun sacrifice de la raison ou de la liberté de ceux mêmes qui ne l'approuvent pas. Elle ne devient une atteinte à la liberté que lorsqu'elle s'étend au-delà des objets qui, par leur nature, doivent être assujettis à une règle générale. [...]

Il y a deux parties bien distinctes dans toute législation : décider quels sont les objets sur lesquels on peut légitimement faire des lois ; décider quelles doivent être ces lois.

Si tous les hommes ne s'accordaient pas sur ce que doit être l'objet des lois, si cette détermination n'était pas susceptible d'être établie sur des principes vraiment démontrés, il deviendrait alors raisonnable et juste de décider cette question à la pluralité. Mais il en résulterait dans l'ordre de la société quelque chose d'arbitraire, et une institution qui ne serait juste que parce qu'elle serait nécessaire.

Si, au contraire, comme je le crois, la détermination de ce qui doit être l'objet des lois est susceptible de preuves rigoureuses, dès lors il ne reste plus rien d'arbitraire dans l'ordre des sociétés. [...]

Une loi est donc proprement une déclaration que (relativement à telles actions qui doivent être soumises à une règle commune) l'assemblée générale des citoyens, ou tel corps chargé par eux d'exercer cette fonction en leur nom, a décidé à la pluralité, regardée comme suffisante, que la raison exigeait que cette règle fût telle.

Ainsi, la proposition : telle chose doit être réglée par une loi ; et la proposition : telle loi sur cette chose est conforme à la raison et au droit, peuvent être regardées comme deux propositions qui peuvent être vraies ou fausses ; et l'intérêt général est de faire en sorte qu'il soit très probable qu'elles seront presque toujours vraies[1].

---

1. 1789, Lettre I, éd. Arago, t. IX, p. 3 *sq.*

Le degré zéro de la foi au fondement du politique et l'inutilité du contrat

Paradoxalement, c'est le noyau le plus infracassable de la subjectivité, l'usage que chacun a de sa raison propre, qui se déploie en objectivité politique, par la médiation de l'expérience critique. Par là est évacuée, en même temps qu'une théorie de la volonté, l'hypothèse du contrat. Le lien politique n'est pas une simple *adhésion* mais une *conclusion*; ce n'est pas une aliénation assortie d'un échange, mais une délégation *d'opinion sur de bonnes raisons d'opiner*; ce n'est pas un transfert de volonté, mais une reconnaissance et une organisation du travail de la raison par ses propres forces :

> J'examinerai d'abord quel est le véritable objet des délibérations d'une assemblée nationale.
>
> Il est absurde de supposer qu'un homme se soumette à exécuter la volonté d'un autre homme, excepté dans le cas où il lui vend, pour un prix convenu, l'exercice de telle ou telle de ses facultés. Mais il est tout simple qu'un homme se soumette à l'opinion d'un autre sur les objets qu'il n'a pas le pouvoir, ou la volonté d'examiner par lui-même.
>
> Le motif de cette soumission est la conviction que l'opinion de cet autre homme sera conforme à la vérité, à la raison.
>
> Ainsi, ce n'est pas à la volonté, c'est à l'opinion d'une assemblée nationale, que les citoyens se soumettent; et ils s'y soumettent, parce qu'ils croient que les décisions de l'assemblée seront d'accord avec la raison.
>
> Le but qu'on doit se proposer, dans la constitution d'une telle assemblée, est donc d'obtenir des décisions vraies.
>
> En effet, quand on prononce pour autrui, dire *il faut faire telle opération*, ce n'est pas dire je veux faire telle opération; mais je crois que telle opération est juste, qu'elle est conforme à l'utilité commune. [...]

> Ainsi, quand un homme se soumet à la décision d'un autre, il a droit d'exiger que, dans certains cas, elle ait une très grande probabilité ; et dans d'autres, il doit se contenter qu'elle soit seulement plus probable que l'opinion contraire [1].

On voit alors que, dans cette opération de réflexion et de calcul, le lien politique m'associe bien à *mes semblables* – ceux qui comme moi font l'expérience critique de l'erreur – mais ne m'aliène pas à *mes proches* – ceux avec qui je partage une même volonté, un même enthousiasme, une même foi, les mêmes valeurs. La loi repose entièrement et exclusivement sur la délibération d'esprits rationnels et critiques, elle ne peut pas s'autoriser de la *confiance* ni du moment communautaire : elle n'a donc absolument rien à voir, ni dans son contenu ni surtout dans sa forme, avec une *foi*.

De la sorte, le retournement philosophique qui place l'immanence de la raison à elle-même et le degré zéro de la foi au fondement du politique est effectué de façon complète. Même si le terme de « laïcité » ne figure pas dans le lexique de Condorcet, la configuration philosophique capable de soutenir ce concept (y compris dans sa forme la plus contemporaine) est construite. Elle l'est mieux, plus rigoureusement et plus explicitement qu'elle ne le sera par ceux qui ultérieurement, à la fin du XIXᵉ siècle, nommeront le concept et théoriseront l'idée républicaine en restant souvent pris dans une conception « croyante » ou contractuelle du politique et dans une conception spiritualiste de l'éducation [2].

---

1. *Examen sur cette question : est-il utile de diviser une Assemblée nationale en plusieurs chambres ?* (éd. Arago, t. IX, p. 331 *sq.*).

2. Voir par exemple F. Buisson *La foi laïque, extraits de discours et d'écrits, 1878-1911*, préface R. Poincaré, Paris, Hachette, 1912 ; J. Barni *Manuel républicain*, 3ᵉ partie, dans *La Morale dans la démocratie*, préface P. Macherey, Paris, Kimé, 1992. Voir également É. Dubreucq, *Une éducation*

Si l'autorité fondamentale est celle de la réflexion raisonnée, il s'ensuit que personne, aucun être raisonnable, ne saurait en être exclu : tel est le calcul, élémentaire mais audacieux, qui fonde à l'accès des femmes au droit de cité. On en déduira aussi que l'assemblée qui fait les lois ne peut être divisée en corps intermédiaires ou en groupes en raison de leur origine ethnique, religieuse ou territoriale ; elle n'a pas non plus à considérer de tels groupes éventuellement formés dans la société civile comme des interlocuteurs de plein droit : la souveraineté est *une* et n'a pas d'autre base que le suffrage universel direct. En outre, cet exercice raisonné ne peut fonctionner que de façon distanciée et critique à son propre égard ; il faut donc se donner des garanties et des verrouillages de sûreté en relation à l'expérience de l'erreur : l'explicitation des *procédures* permettant de légiférer est nécessaire. Une partie de cette explicitation repose sur un volet mathématique exposé dans l'*Essai* de 1785, fondé sur une théorie probabiliste dont le concept central est *l'exigence de pluralité*[1]. Elle requiert également un volet plus spécifiquement philosophique qui détermine ce que la loi a le droit de faire et qui se concrétise dans un texte de *déclaration des droits*.

Déclarer ce que la loi n'a pas le droit de faire et ce qu'elle a le devoir d'ordonner

Déclarer des droits, c'est d'abord être attentif à la textualité des lois. Pour échapper à l'arbitraire – Locke le faisait déjà

---

républicaine. Marion, Buisson, Durkheim, Paris, Vrin, 2004, notamment p. 124, et P. Hayat, *La passion laïque de Ferdinand Buisson*, Paris, Kimé, 1999.

1. C'est sur cet argument que Condorcet s'appuie pour récuser le principe de la peine de mort : celle-ci, étant irréversible, exigerait une certitude entière, non pas de la culpabilité de tel ou tel accusé, mais dans les procédures pour condamner, de telle sorte qu'aucune erreur ne soit possible.

remarquer –, rien ne vaut le recours à un texte explicite, l'autre avantage de la textualité étant qu'elle permet de situer la possibilité de l'erreur et d'en prévenir le mécanisme. Mais la *Déclaration des droits* a surtout pour objet de maintenir en éveil l'interrogation initiale de la raison s'agissant de la nécessité d'instituer une règle commune; il s'agit alors de savoir ce que la loi a le droit ou non d'ordonner – même au nom de l'unanimité – et ce à quoi elle n'a pas le droit de se soustraire. En grande partie négative, la *Déclaration des droits* fixe le droit de la loi, elle ordonne à la loi de se borner à faire son devoir, tout son devoir, mais rien que lui.

La critique des *Déclarations* américaines auxquelles Condorcet reproche un défaut de formalisme ainsi qu'un excès de moralisation et un traitement civil des cultes religieux, s'inspire de cette conception rigoureuse. C'est ici qu'on trouve la formulation la plus nette qui conduit à ce que nous appelons la laïcité de l'État : les citoyens n'ont pas à être assujettis à des frais de culte, même selon leur libre choix, parce que «toute taxe de cette espèce est contraire au droit des hommes, qui doivent *conserver la liberté de ne payer pour aucun culte, comme de n'en suivre aucun*»[1] (c'est moi qui souligne). Ce principe va bien au-delà d'une simple tolérance élargie, puisqu'il suppose que «ne suivre aucun culte» n'est pas listable dans une catégorie d'options spirituelles parmi d'autres. L'incroyance apparaît bien ici comme ce qui vient rompre la conception énumérative et communautaire de la liberté de pensée : celle-ci n'est pas la liberté d'une appartenance, mais toute appartenance est au contraire fondée sur la possibilité de la non-appartenance. L'argument de la non-énumération se retrouvera dans le *Premier mémoire sur l'instruction publique*

1. Dans *Idées sur le despotisme à l'usage de ceux qui prononcent ce mot sans l'entendre* (1789, éd. Arago, IX, p. 147 *sq.*).

– à supposer qu'il faille enseigner les religions, il serait impossible de les embrasser toutes – ainsi que celui du droit des parents à ne pas se reconnaître dans un culte et à ne pas s'en laisser imposer un ou plusieurs au sein de l'école publique[1].

Cette critique des *Déclarations* américaines (que cependant Condorcet admire profondément) est symétrique de celle par laquelle il reproche à Montesquieu de se régler sur l'état présent des formations sociales, de ne pas assez s'interroger en termes de droit universel[2]. Le but de la législation n'est pas d'ériger la coutume, si commode et si cohérente soit-elle, en loi; il n'est pas davantage de faire régner la vertu : il est de garantir à chacun la jouissance de ses droits[3]. Aucune loi ne peut s'autoriser du bon ordre ou même du bonheur social pour priver un seul individu de l'exercice de sa liberté, de l'usage et

1. *Premier mémoire*, p. 87 : « Enfin, une éducation complète [par opposition à l'instruction CK] s'étendrait aux opinions religieuses; la puissance publique serait donc obligée d'établir autant d'éducations différentes qu'il y aurait de religions anciennes ou nouvelles professées sur son territoire; ou bien elle obligerait les citoyens de diverses croyances, soit d'adopter la même pour leurs enfants, soit de se borner à choisir entre le petit nombre qu'il serait convenu d'encourager. On sait que la plupart des hommes suivent en ce genre les opinions qu'ils ont reçues dès leur enfance, et qu'il leur vient rarement l'idée de les examiner. Si donc elles font partie de l'éducation publique, elles cessent d'être le choix libre des citoyens, et deviennent un joug imposé par un pouvoir illégitime. En un mot, il est également impossible ou d'admettre ou de rejeter l'instruction religieuse dans une éducation publique qui exclurait l'éducation domestique, sans porter atteinte à la conscience des parents, lorsque ceux-ci regarderaient une religion exclusive comme nécessaire, ou même comme utile à la morale et au bonheur d'une autre vie. Il faut donc que la puissance publique se borne à régler l'instruction, en abandonnant aux familles le reste de l'éducation ».

2. Dans les *Observations sur le XXIXᵉ livre de l'Esprit des lois* (1780), publiées en 1819 par Destutt de Tracy, t. VIII éd. Arago, et dans les *Cahiers de philosophie politique et juridique de l'Université de Caen*, 1985.

3. Voir le texte cité (la prosopopée du citoyen), *supra*, p. 46.

du fruit de ses talents « tant qu'il ne nuit pas au droit des hommes ». L'égalité ne consiste donc pas à tendre vers une égale distribution des fortunes et des forces, mais à faire en sorte que personne ne soit dans la dépendance directe d'autrui.

Cette idée sera exposée avec insistance dans les principes initiaux de la théorie de l'Instruction publique et dans les violents débats qui opposèrent Condorcet d'un côté à Rabaut Saint-Étienne, partisan d'une éducation morale publique et de l'autre aux montagnards robespierristes notamment à Gabriel Bouquier et à Lepeletier de Saint Fargeau, qui déploient un plan d'éducation égalitariste strictement borné à l'utilité publique[1]. Or l'instruction publique n'a pas à limiter le déploiement et la jouissance des talents, bien au contraire :

> Il en résultera sans doute une différence plus grande en faveur de ceux qui ont plus de talent naturel, et à qui une fortune indépendante laisse la liberté de consacrer plus d'années à l'étude ; mais si cette inégalité ne soumet pas un homme à un autre, si elle offre un appui au plus faible sans lui donner un maître, elle n'est ni un mal ni une injustice ; et, certes, ce serait un amour de l'égalité bien funeste, que celui qui craindrait d'étendre la classe des hommes éclairés et d'y augmenter les lumières[2].

Le rapport critique aux savoirs et l'Instruction publique

La théorie de l'Instruction publique apparaît alors, non pas comme un élément quelconque de ce dispositif, mais bien comme sa condition philosophique critique : il ne peut y avoir d'autorité légitime sans rationalité, mais la raison n'a pas

1. Voir *Une Éducation pour la démocratie*, textes et projets de l'époque révolutionnaire, B. Baczko (éd.), Paris, GF-Flammarion, 1982.
2. *Cinq Mémoires sur l'instruction publique (Premier mémoire)* Paris, GF-Flammarion, 1994, p. 64-65.

d'efficacité si elle ne se saisit pas elle-même, et si elle ne s'exerce pas sur les objets où se produit et où s'éprouve l'erreur, sur les objets que nous pourrions qualifier d'« humanités modernes »[1].

Dans l'étude qui précède ces commentaires, nous avons exposé pourquoi il y a nécessité d'établir l'Instruction publique comme organe (mais sans monopole) de l'État, en relation avec le paradoxe de l'instruction du citoyen, et en répondant à la question « pourquoi l'institution de l'école est-elle un devoir pour un État laïque qui pourtant doit s'abstenir de tout ce qui n'est pas directement nécessaire aux droits ? »[2] – la réponse étant que l'instruction n'est pas seulement nécessaire aux droits, mais qu'elle est nécessaire à la constitution même du sujet du droit. Il reste maintenant à éclairer quelques-uns des principes laïques dans le contenu même de la théorie de l'Instruction publique exposée dans les *Cinq mémoires sur l'instruction publique* et dans le *Rapport et projet de décret relatifs à l'organisation générale de l'instruction publique.*

> En général, tout pouvoir, de quelque nature qu'il soit, en quelques mains qu'il ait été remis, de quelque manière qu'il ait été conféré, est naturellement ennemi des lumières[3].

Paradoxalement, tout le dispositif de l'Instruction publique en tant qu'institution d'Etat est inspiré de cette remarque : c'est en protégeant l'instruction par *la loi* qu'on pourra la rendre indépendante *des pouvoirs*. Il faut donc la protéger contre les groupes de pression et toutes sortes de « lobbies », sans en exclure le gouvernement : celui-ci ne doit même pas avoir le crédit de faire enseigner la législation comme un

---

1. Voir la dernière partie de l'étude, *supra*, p. 57 *sq.*
2. Voir *supra*, p. 48 *sq.*
3. *Cinquième Mémoire*, p. 261.

texte au-dessus de toute critique, car ce serait « une espèce de religion politique »[1]. Un argument analogue conduit à l'exclusion de l'enseignement religieux. Un tel enseignement ne serait rien d'autre que l'imposition d'une « opinion » cautionnée par la puissance publique :

> La puissance publique ne peut même, sur aucun objet, avoir le droit de faire enseigner des opinions comme des vérités ; elle ne doit imposer aucune croyance. Si quelques opinions lui paraissent des erreurs dangereuses, ce n'est pas en faisant enseigner les opinions contraires qu'elle doit les combattre ou les prévenir ; c'est en les écartant de l'instruction publique, non par des lois, mais par le choix des maîtres et des méthodes ; c'est surtout en assurant aux bons esprits les moyens de se soustraire à ces erreurs, et d'en connaître tous les dangers.
>
> Son devoir est d'armer contre l'erreur, qui est toujours un mal public, toute la force de la vérité ; mais elle n'a pas droit de décider où réside la vérité, où se trouve l'erreur. Ainsi, la fonction des ministres de la religion est d'encourager les hommes à remplir leurs devoirs ; et cependant, la prétention à décider exclusivement quels sont ces devoirs serait la plus dangereuse des usurpations sacerdotales[2].

En outre, un enseignement religieux supposerait soit l'introduction d'un corps étranger aux critères de recrutement en vigueur[3], soit l'assujettissement des maîtres (même momentané) à un point de vue non-critique et non accessible entièrement par la raison ou l'expérience. On a vu précédemment comment le recrutement des personnels obéit autant que possible et selon les niveaux d'enseignement à des exigences dictées principalement par la nature même du savoir,

---

1. *Premier Mémoire*, p. 93.
2. *Premier mémoire*, p. 88.
3. Par le recours à des « corps enseignants » cléricaux préconstitués.

et non par des considérations extérieures subordonnant l'instruction à une fin sociale prédéterminée.

Mais une fois ces dispositions prises, les maîtres eux-mêmes pourraient former un groupe de pression et promouvoir une idéologie particulière : ils ne doivent donc pas « former de corps » [1] et « chacun doit exister à part ». Il faut entendre par là une référence à la fois aux « corps enseignants » de l'Ancien régime formés de religieux et aux corporations, fiefs professionnels tout-puissants dans un métier, abolis par la loi Le Chapelier. L'objet principal de cette mesure est d'éviter un auto-recrutement qui érigerait une profession en pouvoir autonome n'ayant de comptes à rendre qu'à lui-même : on imagine aisément la situation si, de nos jours, un syndicat enseignant avait tous les pouvoirs en matière de recrutement d'instituteurs et de professeurs... Le recrutement par concours à jury diversifié et savant semble aujourd'hui répondre à ce souci, mais Condorcet ne le trouvait pas assez rigoureux et imagine un système de recrutement extrêmement complexe opérant par l'intermédiaire de sociétés savantes (elles-mêmes recrutées par cooptation) mettant en œuvre des procédures « en aveugle » [2].

---

1. « La puissance publique doit donc éviter surtout de confier l'instruction à des corps enseignants qui se recrutent par eux-mêmes. Leur histoire est celle des efforts qu'ils ont faits pour perpétuer de vaines opinions que les hommes éclairés avaient dès longtemps reléguées dans la classe des erreurs ; elle est celle de leurs tentatives pour imposer aux esprits un joug à l'aide duquel ils espéraient prolonger leur crédit ou étendre leurs richesses. Que ces corps soient des ordres de moines, des congrégations de demi-moines, des universités, de simples corporations, le danger est égal » (*Premier mémoire*, p. 88).

2. Dans les *Cinq Mémoires* (et seulement pour l'enseignement élémentaire), une liste établie par la société savante départementale est soumise à l'élection des familles dans la commune. Ce système électif est atténué dans le *Projet de décret*. Nous citons ces éléments, sans les examiner dans leur détail, pour souligner à quel point le scrupule formaliste hante la pensée de Condorcet.

Le pouvoir des maîtres ainsi encadré par une atomisation réglementaire, reste le pouvoir du maître sur ses élèves dans l'exercice même de son travail. À cet égard, une mesure de pédagogie négative règle l'école publique : il est exclu de recourir à toute autre méthode que raisonnée ou expérimentale. Pédagogie négative : elle laisse aux maîtres la liberté de leurs procédés d'enseignement et d'exposition, mais elle leur interdit comme contraires au droit trois sortes de comportement.

1) Le recours à l'affectivité comme moteur exclusif de l'enseignement : « enthousiasme », séduction ou terreur relèvent d'un même mépris du caractère essentiellement rationnel de l'enfant.

> [...] former d'abord la raison, instruire à n'écouter qu'elle, à se défendre de l'enthousiasme qui pourrait l'égarer ou l'obscurcir, et se laisser entraîner ensuite à celui qu'elle approuve ; telle est la marche que prescrit l'intérêt de l'humanité, et le principe sur lequel l'instruction publique doit être combinée.
>
> Il faut, sans doute, parler à l'imagination des enfants ; car il est bon d'exercer cette faculté comme toutes les autres ; mais il serait coupable de vouloir s'en emparer, même en faveur de ce que nous croyons être la vérité[1].

2) Le recours à la croyance ou à la pure et simple affirmation de « valeurs », ce qui exclut aussi toute religion civile, qui deviendrait « une espèce de religion politique ». La Constitution elle-même ne peut pas être présentée de manière sacralisée, car le droit suppose le droit de modifier le droit :

> Il ne s'agit pas de soumettre chaque génération aux opinions comme à la volonté de celle qui la précède, mais de les éclairer

---

1. *Rapport et projet de décret*, note E (Edilig, p. 185).

de plus en plus, afin que chacune devienne de plus en plus digne de se gouverner par sa propre raison[1].

3) La stricte utilité de rentabilité, professionnelle, politique ou sociale, ne peut être un motif pour orienter exclusivement l'enseignement et encore moins pour le borner : l'enseignement technique n'est pas le lieu d'une servitude professionnelle; l'admirable *Quatrième mémoire* expose en quoi un enseignement professionnel peut et doit en même temps être le lieu de l'émancipation individuelle.

L'idée directrice ramène sans cesse au principe fondamental de la laïcité qui constitue l'autonomie de la sphère politique dans le rapport exclusif à l'exercice de la raison critique, laquelle fonde la liberté humaine. C'est ici plus particulièrement la considération que chaque enfant, avant d'être une particularité (ayant un sexe, une origine socioculturelle, peut-être une religion, etc.), est un sujet rationnel et un sujet de droit : l'école doit avoir assez de grandeur et de talent pour écarter tout autre regard sur lui comme discriminatoire et injurieux. L'école n'est pas là pour fixer un homme à sa réalité empirique, à son origine, à la religion de ses parents, elle n'a pas non plus à inculquer l'amour des lois. Voilà pourquoi Condorcet écarte l'idée d'*éducation nationale* au profit de celle d'*instruction publique*, s'opposant en cela à maint autre projet révolutionnaire, comme ceux de Rabaut Saint-Étienne et de Le Peletier de Saint-Fargeau[2]. Voilà pourquoi aussi il fonde l'instruction des filles et celle des garçons sur les mêmes principes : parce que la loi n'a pas le droit de river une personne à un destin et qu'en reléguant les femmes à leur prétendue « nature » une instruction différentialiste trahirait à la fois le but

---

1. *Premier mémoire*, p. 93.
2. Voir *Une Éducation pour la démocratie, op. cit.*

de l'association politique et la nature même du savoir *a priori* accessible tout entier à tout être rationnel. Là encore le calcul est bien élémentaire, mais le plus difficile est de consentir à l'effectuer : il suppose non seulement qu'on s'aveugle aux déterminismes extérieurs, mais aussi qu'on souscrive à une conception authentiquement *encyclopédique* du savoir raisonné.

L'instruction se bornera donc à ce qui peut se traiter par l'autorité de la raison et de l'expérience raisonnée. Elle s'y bornera : c'est la lecture prudente à laquelle semble inviter le texte du *Premier mémoire*. Mais elle prendra ce champ dans toute son extension : lecture plus complète sur laquelle insiste la présentation du *Rapport et projet de décret* qui consacre un développement plus explicite aux « sciences morales et politiques ». L'encyclopédisme de Condorcet doit bien s'entendre au sens des Lumières et non dans la perspective étroite d'un scientisme qui serait limité à la transmission froide de vérités positives. Outre les disciplines scientifiques (qui sont privilégiées par Condorcet[1]), l'exercice problématique de la raison (que nous appelons aujourd'hui philosophie), et aussi les disciplines artistiques, sans oublier l'éducation physique, sont compris dans cette généreuse conception. Leur présence y figure de plein droit. L'une parce qu'elle renvoie à la racine même de l'expérience critique, à la réflexivité de la connaissance elle-même sans laquelle on ne peut avoir qu'une idée dogmatique et antithétique du vrai et du faux. Les autres parce que rien de ce qui honore l'espèce humaine et qui participe de son essence libre ne peut être écarté de l'instruction et aussi parce qu'elles sont des disciplines pénétrées par la réflexion,

---

1. Condorcet a probablement suivi les indications données par d'Alembert dans l'article « Collège » de l'*Encyclopédie*.

des déploiements libres, d'authentiques disciplines libérales portant en elles-mêmes leur propre intérêt. Car au-delà de l'autonomie qu'elle donne à chacun dans sa vie, l'instruction est elle-même une idée de la liberté.

C'est ce que réaffirmera encore l'auteur à la veille de sa mort, par un admirable résumé dans la Dixième époque de l'*Esquisse d'un tableau historique des progrès de l'esprit humain* :

> L'égalité d'instruction que l'on peut espérer d'atteindre, mais qui doit suffire, est celle qui exclut toute dépendance, ou forcée, ou volontaire. Nous montrerons, dans l'état actuel des connaissances humaines, les moyens faciles de parvenir à ce but, même pour ceux qui ne peuvent donner à l'étude qu'un petit nombre de leurs premières années, et, dans le reste de leur vie, quelques heures de loisir. Nous ferons voir que par un choix heureux, et des connaissances elles-mêmes, et des méthodes de les enseigner, on peut instruire la masse entière d'un peuple de tout ce que chaque homme a besoin de savoir pour l'économie domestique, pour l'administration de ses affaires, pour le libre développement de son industrie et de ses facultés ; pour connaître ses droits, les défendre et les exercer ; pour être instruit de ses devoirs, pour pouvoir les bien remplir ; pour juger ses actions et celles des autres, d'après ses propres lumières, et n'être étranger à aucun des sentiments élevés ou délicats qui honorent la nature humaine ; pour ne point dépendre aveuglément de ceux à qui il est obligé de confier le soin de ses affaires ou l'exercice de ses droits, pour être en état de les choisir et de les surveiller, pour n'être plus la dupe de ces erreurs populaires qui tourmentent la vie de craintes superstitieuses et d'espérances chimériques ; pour se défendre contre les préjugés avec les seules forces de sa raison ; enfin, pour échapper aux prestiges du charlatanisme, qui tendrait des pièges à sa fortune, à sa santé, à la liberté de ses opinions et de sa conscience, sous prétexte de l'enrichir, de le guérir et de le sauver.

Dès lors, les habitants d'un même pays n'étant plus distingués entre eux par l'usage d'une langue plus grossière ou plus raffinée; pouvant également se gouverner par leurs propres lumières; n'étant plus bornés à la connaissance machinale des procédés d'un art et de la routine d'une profession; ne dépendant plus, ni pour les moindres affaires, ni pour se procurer la moindre instruction, d'hommes habiles qui les gouvernent par un ascendant nécessaire, il doit en résulter une égalité réelle, puisque la différence des lumières ou des talents ne peut plus élever une barrière entre des hommes à qui leurs sentiments, leurs idées, leur langage, permettent de s'entendre; dont les uns peuvent avoir le désir d'être instruits par les autres, mais n'ont pas besoin d'être conduits par eux; dont les uns peuvent vouloir confier aux plus éclairés le soin de les gouverner, mais non être forcés de le leur abandonner avec une aveugle confiance [1].

Ainsi le parcours de Locke à Condorcet, en établissant d'abord les propriétés purement civiles du rassemblement politique, puis (avec Bayle) en ramenant la figure de l'incroyance dans le champ de vision de la légitimité philosophique, congédie le moment religieux de la pensée politique auquel les théories du contrat se rattachent encore par la conception uniforme et originaire qu'elles se font du lien. C'est alors que le lien politique peut enfin se penser comme une opération qui ne doit ses propriétés et sa légitimité qu'à ses propres forces: une opération qui fait l'économie des *origines* (sacrées, mythiques, ethniques, sociales ou même anthropologiques) puisqu'elle est en elle-même et pour elle-même un *commencement* constamment entretenu et fortifié par l'activité critique de la pensée en chacun – et non par un acte de foi qui ne serait rien d'autre qu'une « religion politique ». Cette

---

1. *Esquisse d'un tableau historique des progrès de l'esprit humain*, A. Pons (éd.), Paris, GF-Flammarion, 1988, p. 274-276.

opération réflexive n'a pas besoin pour être ni pour être pensée de la forme de la croyance, elle n'a pas davantage besoin d'un contrat passé entre ses membres parce qu'elle s'enracine dans l'expérience critique rationnelle qui, mieux que toute confiance, est capable d'unir les hommes sous la condition de leur singularité.

TABLE DES MATIÈRES

QU'EST-CE QUE LA LAÏCITÉ ?

TEXTES ET COMMENTAIRES

Imprimé en France par CPI Firmin Didot (123854)
en septembre 2014
Dépôt légal : septembre 2014